# PASIÓN POR LA MÚSICA CUBANA

UNOSOTROS
MÚSICA

María del Carmen Mestas

*A mis padres Manuel y Fela, y a los inolvidables Isabel, Pedro y Manolito*

*Para mis queridos hijos Carmen y Ruddy*

*A Sandra del Valle Casals, nieta del alma*

*A Víctor Joaquín Ortega por su entrega*

*A mis hermanos Alina, Alberto, Marielena, Néstor, Mario y muy, en especial, a Víctor excelente pianista.*

# AGRADECIMIENTOS

A la Premio Nacional de Literatura, Nancy Morejón, por su contribución a este empeño.

A Cristóbal Díaz de Ayala, que nos iluminó con su rica discografía.

A la escritora y amiga Sonia Rivera Valdés, siempre interesada en nuestro patrimonio musical.

A Rosa Marquetti por aportarme valiosos datos en su libro *Desmemoriados*, por igual los imprescindibles Frank Padrón, Cary Diez, Emir García Meralla, Barry Cox y Tony Pinelli.

A mis compañeros de toda la vida, Lázaro Noris, Iraida Rodríguez, Aloyma Ravelo, Gladys Egües, Aurika Rubio, e Iraida Campo.

A Gustavo Vega Izquierdo por su magnífico prólogo y, por supuesto, al principal gestor de esta obra: Armando Nuviola, y a Dulce María Sotolongo, quien lo editó.

A los que ya no están como los filineros Alberto Vera y Ramiro de la Cuesta, a Sigfredo Ariel, quien me ofreció sus conocimientos, a Juan Formell, Noel Nicola, Helio Orovio y Liliana Casanellas Cue.

# ÍNDICE

## VOCES Y ESTILOS

## EL REINO DEL BOLERO

## HABLEMOS DEL FILIN

## ÉXITOS VITROLEROS

# PRÓLOGO

¿Cómo fue?

Como son las cosas cuando salen del alma porque María del Carmen Mestas, más que periodista, más que poeta, más que dramaturga es una mujer esencialmente patriota en todo el sentido de la palabra y por eso ha dedicado casi la mayoría de su ya larga vida, a salvaguardar el patrimonio musical cubano.

La conocí por su *Pasión de rumbera*, mejor dicho, de *rumbero*, un libro imprescindible para todo aquel que se quiera acercar al surgimiento de la rumba contada por sus protagonistas. Allí supe parte de la biografía de los más grandes rumberos del país como Chano Pozo, Rafael Ortiz, Tío Tom, Carlos Embale, Chavalonga, Tata Guines, entre otros, pero sobre todo me apasioné por la poética que se desprendían de aquellas páginas, me asombró la pericia narrativa de esta esta mujer fina y culta, que sin adornar la realidad, supo conmovernos con su verbo elegante y certero que aunque no podía eludir o «suavizar» el ambiente marginal en el que creció un ritmo duro como los cayos en las manos de los percusionistas, machista y no ajeno a las tribulaciones y violencias de la época que lo vio nacer, si pudo rescatar su cubanía y aporte a una nación que lo hizo tan suyo como las palmas.

Cuando leí *Pasión por la música cubana*, no esperaba menos, sonreí a la suerte por permitirme prologar tal vez uno de los libros de música más bellos escrito en Cuba y me pregunté: ¿qué podría aportar yo simple librero a tanta grandiosidad literaria? Por eso me auxilié de esta maravillosa entrevista aparecida en la *Jiribilla* en la que el periodista Antonio López Sánchez le pregunta a la Mestas sobre sus inicios.[1]

> Me inicié en el periódico *Combate*, y he estado en otros órganos de prensa como *Radio Habana Cuba* y la revista

11

---

[1] *La Jiribilla*. Revista de Cultura Cubana. ISSN 2218-0869. La Habana, Cuba. 2011.

*Romances*, que es de alguna manera la antecesora de las revistas de hoy. Al crearse la Editorial de la Mujer pasé a la redacción de *Muchacha* y posteriormente a la de *Mujeres*, donde sigo trabajando. Han sido años de intenso bregar. A veces, conquistando sueños, a veces malogrando otros. Es la vida.

Que de mis recuerdos, sí quiero yo hablar…

Al insertarme en el periodismo cultural, intenté abarcar aspectos de su desarrollo, expresar el espíritu de creación que vive en sus protagonistas. No podría contar en estos cincuenta años de trabajo cuántas crónicas, reportajes o entrevistas hice, porque la memoria tiene laberintos escurridizos, aunque hay pasajes que quedan más vivos que otros.

Me ha aportado grandes alegrías el contacto con gente muy interesante; te podría hablar de muchos creadores de la Nueva Trova, que tuve el inmenso gusto de entrevistar cuando se gestaba ese importante Movimiento. Pienso en Pedro Luis Ferrer, al que entrevisté cuando él solo tenía 18 años. En Adolfo Costales y Tatica, de aquel cuarteto Los Dimos; en Tony Pinelli, con Los Cañas. En Noel Nicola, ese ser extraordinario, viviendo en el cuartico de San Nicolás, y con el que proyecté libros, que nunca realizamos, mientras bebíamos un café muy cubano colado por el autor de «Es más, te perdono».

Durante un buen tiempo me dediqué a buscar figuras de la trova tradicional, cuyos testimonios me llenaron de vivencias de aquella época de serenatas e incurable bohemia. Sindo Garay, Graciano Gómez, Miguel, Ciro y Cueto, del trío Matamoros, Rosendo Ruiz, Pucho el Pollero, Emiliano Blez y otros más.

En otra zona de la música están intérpretes muy queridas como la inolvidable Elena Burke o Moraima Secada, a quienes con frecuencia visité. Nombres imprescindibles, para mí y para la música, de entrañable cercanía como los de Richard y Rembert Egües. Me enorgullece haber escuchado en la voz de Juan Formell sus proyectos musicales cuando tocaba con la orquesta de Revé. De

Portocarrero, guardo un regalo muy apreciado: Su foto original de niño vistiendo un simpático disfraz, pues amaba los carnavales. De Isabel Ximeno, la gratitud de su primera entrevista. De mis entrañables Francisco Garzón Céspedes y Teresita Fernández, su peña en una experiencia irrepetible...

Este trabajo recoge por vez primera en forma de libro esas valiosas entrevistas, crónicas y artículos donde se habla de, filin, bolero, victrola, como dato valioso, no podemos dejar de mencionar cómo la Mestas ha actualizado el texto hasta nuestros días, lo cual lo convierte en un documento muy útil para los investigadores que después se encargaran de comprobar «las verdades históricas» si es posible «comprobar» desde el presente; las diferentes anécdotas y versiones que existen sobre canciones como «Nosotros» de Pedrito Junco y si murió este autor o no de tuberculosis. Aquí están voces nuevas también como las de Luna Manzanares, Ivette Cepeda, Daymé Arozarena. La autora recrea los testimonios de figuras o sobre figuras de la talla del compositor mexicano Juventino Rosas, o como en las más hermosas historias de amor nos cuenta sobre el idilio entre la actriz Blanca Becerra y el compositor Gonzalo Roig que «se quisieron mucho» o nos hace escuchar de nuevo el fotuto de la «Macorina» por las calles de La Habana, nos aterroriza con la verdadera historia de unas «Bodas de sangre», y nos hace llorar con la despedida de amor de Pedro Junco en «Nosotros», para luego reconstruirnos la vida de Pablo Quevedo, aquel ídolo de multitudes del que no quedó ni la sombra de un recuerdo y es que María es mucha María, esta bella mulata pudo haber inspirado a un bardo como la Longina de Corona, esposa del también periodista Victor Joaquín Ortega, a quien tuve el placer de prologar *Kid Chocolate*, a esta incansable pareja mucho le debe la cultura y el deporte cubanos.

13

GUSTAVO VEGA IZQUIERDO

# BODA NEGRA: ENTRE LA VERDAD Y LA LEYENDA

Aquel amor le desordenó para siempre el corazón de poeta. Se quisieron con ilusiones de enamorados navegando en barca de sueños; pronto conocería la desesperación, la poca vitalidad de la novia se escapaba poco a poco por los pulmones enfermos. El médico estaba convencido de que Irene Gay no viviría mucho.

Al caer el crepúsculo, con su traje de paño negro y la corbata bien hecha, en la que brillaba una falsa esmeralda, el bardo y periodista Francisco Caamaño de Cárdenas[2] llegaba a casa de su prometida. Aún metido en los mundos de su nostalgia, espiaba la respiración violenta de la enferma. A veces, un hilo finísimo de sangre manchaba la boca de la muchacha; otras, era una tos intensa la que agitaba su pecho.

Y aunque el estado de Irene nada bueno presagiaba, pensaba que los lazos que los unían eran tan fuertes, que su amor seria un escudo contra la parca.

En su diario desvarío ella decía de espejos rotos, de un niño que la llevaba por un laberinto sin fin, de una mujer enlutada que le entregaba rosas marchitas, mas cuando la fiebre pasaba y la lucidez volvía, hablaba al enamorado del futuro que tendrían en una casita rodeada de jardines. A medida que los meses transcurrían, el cuerpo de Irene se hacía cada vez más frágil, era como una sombra en la cama de roble. El mismo día que cumplía dieciocho años perdía sin remedio su última batalla.

---

[2] La firma de Francisco Caamaño de Cárdenas aparece en varias publicaciones en las primeras décadas del siglo XX y, entre ellas, *Alma Joven*. Además, colaboró con *La Noche*, *Orto* y *Mundial*; también dirigió el periódico *La Liga Nacional*. En 1957, aparece en el Directorio Profesional de Periodistas de Cuba como el colegiado 1489; por entonces vivía en la calle Habana 206, altos. En 1934, desde el periódico *Ahora*, denunció los desmanes del dictador Trujillo en Santo Domingo.

Temeroso de la justicia por el robo del esqueleto de su novia del cementerio, Caamaño de Cárdenas viajó a Oriente, donde permaneció un buen tiempo en espera que todos los rumores acerca de su historia se apagaran. Al regresar a La Habana, ya la canción estaba de moda.

Una tarde antes, en el delirio de la muerte, pidió que la enterrasen con galas de novia a punto de desposarse y con un ramo de nomeolvides.

Caamaño bebió las lágrimas de su desventura y, aunque amigos sinceros lo acompañaron, se sentía a merced de la más espantosa soledad. Se cumplió cabalmente la última voluntad de Irene, que en humilde ataúd parecía dormida, y el escultor Guillermo del Campo, muy famoso en esa época, talló una hermosa cruz para la tumba de aquella flor tempranamente desgajada.

El tiempo pasó sin cicatrizar las heridas del amante, y también llegó el momento de arrojar los restos mortales de la joven a la pira común porque, dada las pocas posibilidades económicas de la familia Gay, la habían sepultado en el tramo de los pobres, donde solo podían permanecer tres años los cadáveres. ¿Qué hacer?, se preguntaba el novio. ¿Cómo permitir que aquellos despojos se perdieran para siempre?

Habló, pidió, suplicó hizo cuanto pudo para comprar un panteón, pero todo fue inútil. Entonces, en el colmo de la desesperación, acudió a sus amigos más íntimos y en precipitada reunión todos acordaron salvar la osamenta de quien tanto amor había dejado entre los vivos. Estaban presentes Guillermo Muñiz, barbero y violinista de Manzanillo, los ya reconocidos poetas Gustavo Sánchez Galarraga, José María Poveda y Antonio Rodríguez Báez. Se trataba de un grupo de incurables bohemios que encontraron después de barajar varias soluciones, la que creyeron mejor: obtener un permiso del Cementerio de Colón para que les entregaran el esqueleto con el pretexto de utilizarlo en estudios anatómicos.

Con la ayuda de un prestigioso galeno consiguieron la autorización, según contara años más tarde el propio Caamaño de Cárdenas. Fue así que se presentaron en el camposanto, en el mismo sitio donde se calcinaban los huesos. En el protagonista principal de aquella historia, y en sus amigos, crecía la impaciencia en espera de que la fosa de Irene quedara abierta y, cuando llegó el momento, Caamaño, serio y nervioso, presentó el permiso para la entrega de la osamenta. Pero había un impedimento grande y a todas luces insalvable: estaba totalmente prohibido que los huesos de muertos por el bacilo de Koch circularan fuera del cementerio. Sin embargo, tanto el novio, a quien la parca jugó tan mala pasada, como aquellos otros poetas que tan fielmente lo seguían, no estaban dispuestos a dejarse vencer al primer escollo.

Conversaron brevemente: Sánchez Galarraga extrajo unos billetes de uno de los bolsillos de su bien cortado casimir gris y, después de hablar con el sepulturero, obtuvieron la aprobación de éste: el sobornado extraería el esqueleto y en la noche, en una caja, los «complotados» lo sacarían de allí.

Tal como lo tramaron lo hicieron, aunque hubo un imprevisto: cuando se disponían a marchar con su carga fúnebre fueron sorprendidos por una patrulla de la policía. En el silencio de la noche se oyó la voz autoritaria: «Oigan, ¿Qué llevan ahí?». Con la mayor calma contestó uno de los conspiradores: «Un cadáver, un cadáver». Los policías rieron de buena gana pensando que aquellos locos andaban borrachos y de farra.

Pasado aquel mal momento, Caamaño acogió para siempre en su habitación aquel amado y rígido esqueleto. Lo que no sabemos si alguna vez, a la luz de un tembloroso lirio, celebró sus bodas con la muerta.

Durante un tiempo trabajaría el poeta en Oriente en el diario *El Rebelde* y, a su regreso a La Habana, encontró que todos cantaban «Boda negra», que pensó inspirada en el triste episodio que él había vivido con la dulce Irene. La letra era del colombiano Julio Flórez y la música del compositor y guitarrista Alberto Villalón, uno de los cuatro grandes de la trova cubana, visita habitual de la barbería.

*Oye la historia que contome un día*
*un viejo enterrador de la comarca:*
*era un amante que por suerte impía*
*su dulce bien le arrebató la parca.*

*Todas las noches iba al cementerio*
*a contemplar la tumba de la hermosa*
*y la gente murmuraba con misterio:*
*es un muerto escapado de la fosa.*

*En una horrenda noche hizo pedazos*
*el mármol de la tumba abandonada;*
*cavó la tierra y se llevó en los brazos*

*el rígido esqueleto de la amada.*
*Y allá en la oscura habitación sombría*
*de un cirio fúnebre a la llama incierta*
*sentó a su lado a la osamenta fría*
*y celebró sus bodas con la muerta.*

*Ató con cintas los desnudos huesos*
*el yerto cráneo coronó de flores,*
*la horrible boca la cubrió de besos*
*y le contó sonriendo sus amores.*

*Llevó la novia al tálamo mullido*
*se acostó junto a ella enamorado*
*y para siempre se quedó dormido*
*al esqueleto rígido abrazado.*

*Alberto Villalón, autor de boleros que fueron popularísimos durante el primer cuarto de este siglo. Esta foto le fué hecha en la redacción de BOHEMIA, en ocasión de visitarnos con motivo de lo publicado por nosotros sobre lo que Discépolo había dicho en Buenos Aires del bolero.—(Foto de Vales Sr.)*

Aseguraba Caamaño que fue a través del barbero Guillermo Muñiz, también testigo del novelesco suceso, que Flórez conoció de aquellos hechos durante un informal paseo por la glorieta del malecón habanero. Y cuenta que tiempo después en la propia barbería del fígaro, el colombiano tejió los versos surgidos de aquellos amores a los que Villalón puso música.

Gran revuelo entre los intelectuales había suscitado la visita de Flórez a La Habana en 1907, pues venía precedido de fama como bardo. Hizo muchas amistades y, entre ellas, contó con la de Dulce María Borrero, destacada poetisa y pintora. La amistad entre ambos hizo que ella le musicalizara *La balada del río*, pero no solo eso: le regaló un cuadro en el que se refleja la temática del poema.

Para algunos, la canción «Boda negra» le surgió a Julio Flórez a partir de su propia experiencia. La vida del colombiano estuvo marcada por la influencia de sus hermanos mayores, poetas como él. A los doce años compuso su primera obra y fue cargado en hombros por la multitud admirada de su genial precocidad.

Su belleza varonil lo destacaba: pelo negrísimo y bigote novecentista a la moda le daban un toque fuertemente romántico.

La celebridad que le llegó temprano puso tintes de nostalgia en su apasionado corazón: se le veía taciturno, hastiado de todo y así fue que se convirtió en un hombre extravagante. Lo que más sobrecogía de él, eran sus continuas y prolongadas visitas nocturnas al cementerio donde escalaba las paredes del viejo camposanto en su ciudad. También se contaba que, en su más temprana juventud, había desenterrado el cadáver de una novia amada hasta la locura, y que incluso hacía libaciones en el cráneo de la que fue su amante. Toda esa leyenda negra lo persiguió por años hasta que, según afirmaron personas de aquella época, después de un fructífero viaje a España, regresó sereno, olvidando todos aquellos inconcebibles comportamientos.

19

En 1918, Flórez obtuvo un éxito resonante en el teatro Cisneros de Barranquilla. Luego, recibió la corona de laurel que lo consagraba como Poeta Nacional de Colombia. Uno de los primeros que en América cantó al amor, el autor de «Horas, Cardos y lirios», «Fronda lírica» y «Gotas de Ajenjo», fallecía el 7 de febrero de 1923.

Entonces, ¿quién fue en realidad la musa que inspiró a Flórez la obra «Boda Negra»? ¿La compuso durante su estancia habanera al conocer los amores del periodista y lírico Caamaño de Cárdenas con la infortunada Irene Gay o fue fruto de su situación personal?

Julio Flórez

## Otro posible autor

Calificado de sacerdote de costumbres mundanas, también se le atribuye al caraqueño Carlos Borges (1867-1932) la autoría de «Boda negra», que éste originalmente llamó «Boda macabra», y parece haber escrito en 1885. Cura y a la vez exaltado bardo, es realmente una figura polémica por sus ambiguas posiciones políticas. El dictador Gómez llegó a nombrarlo capellán del Ejército. Destacado orador sagrado, unía a la vida sacerdotal los reclamos de la sensualidad; en su tiempo a Carlos Borges se le llamó «El poeta de los muertos» porque se inspiró en la parca para varios de sus poemas.

La canción macabra estuvo muy de moda y fue motivación para algunos trovadores cubanos: ruptura de romances que en la plenitud interrumpía la muerte. Otros compositores lloraron la pérdida de amores: recordamos especialmente a Graciano Gómez en «Junto a la verja del camposanto» y a Manuel Corona en «Azucena».

Nuestra María Teresa Vera fue de las primeras en incorporar a su repertorio «Boda negra», también en su repertorio las Hermanas Martí y la popularizó muchos años más tarde Orestes Macías; existen cientos de versiones e interpretaciones. En otros países se canta a veces con cambios en la letra original y variaciones en la música, lo cual ha traído cierta confusión en cuanto a la paternidad de esta obra.

# TRISTEZAS DE UN COMPOSITOR

Estamos en 1894. En el vapor de cabotaje *Josefita*, hace muy pocos días ha llegado a Surgidero de Batabanó, en La Habana, el compositor mexicano Juventino Rosas, muy enfermo tiene apenas fuerzas para sostener el violín que tanta fama le dio. Desde la ventana de la casa de salud Nuestra Señora del Rosario, en ese poblado costero, el autor del triunfal vals «Sobre las Olas», mira el mar ¿Qué misterio insondable quiere descubrir más allá del lejano horizonte? Y las olas. Las olas viajeras que vienen a morir al lecho arenoso. ¡Ah, las olas! Ellas… siempre ellas; sus ojos se pierden en el azul para, en un viaje al pasado, recordar momentos de su azarosa vida, marcada por los éxitos, los amores galantes y la más intensa bohemia.

## Hoja de vida

Nacido el 25 de enero de 1868, en Santa Cruz de Galeana, Guanajuato. Muy joven integra con su familia un conjunto musical del que después se separa por problemas de riña en que se ve involucrada la agrupación y se convierte en campanero de la iglesia.

Fue por breve tiempo al Conservatorio Nacional de Música, donde estudio violín, piano y algunos instrumentos de viento. Luego trabajó como violinista en la Compañía de Ángela Peralta e ingresa más tarde en una banda militar que abandona. El miedo al castigo lo hace buscar refugio en casa de un compañero.

De vuelta a México, se populariza su vals «Carmen», que dedica a la esposa del presidente Porfirio Díaz, quien obsequioso le regala un piano, que más tarde el músico vende agobiado por las deudas. Los salones principales le abren sus puertas. Se siente en la gloria, todos quieren oírlo y conocerlo.

¿Y el amor?, ¿Cuántas veces tocó a su corazón sensitivo?

¿Cuántas le dejó el sabor amargo de la desilusión? Para esas mujeres que lo amaron, o tal vez no, escribió hermosas páginas. De esos tiempos son las polcas «Ojos negros», «La cantinera» y «Flores de México» y los valses «Ensueño seductor» y «Josefina»; las mazurcas «Último adiós» y «Lejos de ti».

## Aquel maravilloso vals

Son incontables las historias acerca de cómo surgió el vals «Sobre las olas», se ha dicho que fue escrito en Cuautepec, mientras observaba a Mariana Cerdillo, una joven de quien estaba muy enamorado y también se cuenta que Juventino empezó a tararear la inmortal melodía mientras se bañaba a orillas del manantial La Magdalena junto a su amigo Pepe Reina. Al regresar a la casa, allí en la cocina, entre los olores de la sazón criolla, la terminó. Primero, le dio un título: A la orilla del arroyo; luego, otro: Junto al manantial y, finalmente, Sobre las olas. La dedicatoria decía: "A la señora Calixta Gutiérrez de Alfaro, noble dama protectora de los artistas. Juventino Rosas. 14 de octubre de 1890".

Esta pieza y el chotis «Lazos de amor», el compositor los vendió por cuarenta y cinco pesos a la compañía Wagner y Levien, quienes según se estima llegaron a ganar miles de dólares por la compra.

## Viaje a Cuba

Los días cubanos del músico llenan la etapa entre el 15 de enero y el 9 de julio de 1894, cuando ocurre su muerte.

Con solo 26 años es la atracción principal de un espectáculo de la compañía ítalo–mexicana González Biaculli, que se presenta en el habanero teatro Payret. Llegaba el músico con la fama de sus cuatro medallas en la Exposición Internacional de Chicago y ser el autor del «Vals sobre las olas».

Durante su estancia en la isla, entre amenas tertulias y paseos, se inspira para dedicarle una composición a Mercedes Touzet, esposa del empresario Ramón Crusellas y otra a la filántropa Marta Abreu que nombró «Marta» o «El ángel de la Caridad». Escribió «El espirituano» para José Norberto Rodríguez.

En su gira, el mexicano gustoso recorrió distintas ciudades como Matanzas, Cárdenas, Santa Clara, Cienfuegos, Trinidad, Sancti Spíritus, Guantánamo y Santiago de Cuba... Se sabe que, en Guantánamo, en la región oriental, estrechó lazos de amistad con el joven bardo Regino Boti, quien por esa fecha era dependiente de una cantina llamada "La villa de Madrid", donde Juventino pasaba horas bebiendo uno y otro trago. Se hicieron buenos amigos y el mexicano lo invitó a reescribir la letra de «Sobre las olas». Pocas fueron las modificaciones que le hiciera el luego célebre autor de «Arabescos mentales».

En junio la compañía sale a Santiago de Cuba con rumbo a Surgidero de Batabanó, enlace con La Habana, de donde el conjunto viajaría a Nueva York.

Aquejado de serios males, mielitis espinal, según diagnosticó el doctor José Manuel Campos, Juventino no puede continuar la gira y se queda en esta población en espera de que mejore su salud, lo que no ocurrió. Se agrava y el 9 de julio de 1894, fallece. Dicen que era tal su pobreza que humildes pescadores de esponjas tuvieron que hacerse cargo del funeral. Aquel día de su muerte la estudiantina de Surgidero de Batabanó siguió el cortejo hasta el humilde cementerio. «El vals Sobre las olas» lo acompañó en su postrer viaje.

23

Después de su deceso muchas invenciones se crearon. La más conocida se refiere a una joven enlutada que, a los pocos días de la muerte de Juventino, llegó a la localidad, procedente de tierras extranjeras. Encargó un ramo de flores y lo llevó a la tumba del músico ¿Quién era? ¿Se trataba acaso de una de aquellas mujeres que él tanto idolatró?

Las cenizas del autor fueron trasladadas a su patria en 1909 donde reposan en la Rotonda de los Hombres Ilustres de México.

## Del violín, otra historia

Hace casi cuarenta años, la periodista viajó a Surgidero de Batabanó para indagar sobre la estancia de Juventino en ese lugar, donde tuvo su destino final. Aún quedaba la clínica de dos pisos, en la que estuvo hospitalizado.

*Juventino Rosas*

La suerte me llevó a conocer a Antonio Álvarez, hombre de 77 años, quien era carpintero de ribera y supo la historia del violín del músico.

En esa ocasión, mi entrevistado dejó correr sus pensamientos en palabras que para él eran toda una certidumbre:

—Todo lo supe por mi amigo Isidro Albaina, ya fallecido. ¿Cuántas cosas no me contó de Juventino? Historias que repetía una y otra vez, historias de sus años mozos. Lo que él me dijo lo tengo grabado en la memoria.

—Mire, periodista, se ha escrito mucho, pero la verdad solo la puedo contar yo…Mi amigo Isidro hizo gran amistad con Juventino cuando éste vino de Santiago de Cuba a Surgidero de Batabanó. Ambos amaban la música. Juventino había llegado aquí en 1894. El vals «Sobre las olas», lo tocó por primera vez en casa de Manuel Torres, quien en prueba de gratitud cuando él enfermó, lo llevó a la Quinta Nuestra Señora del Rosario, que aún se mantiene en pie.

—Juventino, antes de ingresar, herido de muerte, dijo así: «Hazte cargo del violín, porque estoy muy enfermo». Albaina lo conservó, y después de la muerte del compositor, se lo prestó a Manuel Negrín, quien se lo dio a su hijo para que estudiara violín en La Habana. No sé cómo fue a parar a una casa de empeño. Al ser reclamado por una sobrina de Juventino, Albaina lo recuperó, y en un acto celebrado en 1932 en el gremio de Recortadores de Esponjas y Otras Sociedades Sindicales, se le entregó a la parienta del destacado músico... Esa es la verdad, la verdad.

¿Fue realmente cierto lo que me relató Antonio? ¿Dónde está la realidad? En nuestro indagar encontré muchas imprecisiones sobre los días del compositor en ese pueblo. Una conclusión sí podemos extraer: Surgidero de Batabanó está tan unido a la vida de Juventino Rosas, como ligado a ella está el vals que lo inmortalizó.

En este sitio un pequeño parque lo recuerda. En su memoria una tarja expresa:

*Que eternizada en el bronce*
*y el granito, ofrenda inmortal*
*de Cuba y México, viva en esta*
*tierra hospitalaria del Mar Caribe*
*refugio de sus íntimas tristezas,*
*la memoria de Juventino Rosas.*

25

Con el título de «Sobre las olas», la interesante vida de este infortunado autor fue llevada a la pantalla en México y protagonizada por Pedro Infante.

El nombre de Juventino Rosas ha pasado a las tradiciones religiosas cubanas. Se conoce que en algunas ceremonias espiritistas que se celebran en Cuba su nombre es invocado. En especial en los llamadas violines, fiestas rituales dedicadas a los orishas. También se toca el vals «Sobre las olas», mezclando el violín con la tumbadora y otros instrumentos de percusión menor de nuestra música popular; lo que habla del sincretismo que nos caracteriza

# EL DIVO DE LA VOZ DE CRISTAL

En una vieja foto de archivo, amarillenta por el tiempo, está Pablo Quevedo con el rostro marchito por la enfermedad; fue el cantante más afamado de su época, del que solo quedan vagos recuerdos. Si algo curioso hay en su vida es que su voz solo podemos imaginarla porque no dejó grabación alguna.

## El adiós definitivo

Era el 10 de noviembre de 1936, cuando en plena juventud, 28 años, Pablo Quevedo, el bienamado de toda Cuba dejaba de existir. Las emisoras interrumpían sus programas habituales para comunicar la dolorosa noticia, que pronto se extendió por todo el país.

Mucho tiempo estuvo muy grave el artista, quien paseaba anhelante su mirada por la habitación; tal vez, en espera del milagro que nunca llegó. Al conocerse la novedad hubo desmayos, rostros conmovidos, lágrimas, suspiros, verdadero dolor del pueblo que tanto lo admiró.

## Recuerdos de pinelli

—Pablo Quevedo ha sido, sin dudas, una de las personalidades artísticas más atrayentes de cuantas he conocido; la figura de más arraigo, en el panorama musical en las décadas del 20 y el 30. No tenía una voz de mucha extensión, pero sabía modular la canción, decirla.

Son palabras de nuestro destacado animador y locutor Germán Pinelli, quien conoció muy de cerca al desaparecido cantante:

—La muerte de Quevedo causó honda conmoción, su entierro es uno de los más grandes que recuerdo. El cortejo fúnebre partió a las dos de la tarde de la Víbora. A su paso por las calles habaneras, el pueblo iba sumándose para rendirle postrer tributo. A las ocho de la noche llegó la manifestación al cementerio de Colón; hubo que buscar velones para darle sepultura al que llamaban «El divo de la voz de cristal». Me tocó despedir el duelo. Fue un momento inolvidable; la atmósfera muy triste; la pena se reflejaba en aquellos rostros; todo contribuía a que la escena fuera dolorosa.

–Han pasado muchos años, pero siempre vive en mí la imagen de Quevedo frente a los micrófonos de la CMQ, a los que entonces se les colocaban unas ligas para evitar las trepidaciones de la calle. Sí, me parece verlo delgado, pálido cantando como nadie ha podido hacerlo aquellas «Campanitas de cristal».

Más del artista

Nació en Unión de Reyes, Matanzas, el 6 de septiembre de 1907 y formaba parte de una familia numerosa. La madre de Pablo murió a los tres meses de nacido el niño, quien quedó en la orfandad. El padre Juan Bautista González lo entregó a su hijo mayor, Emilio, para que junto a su joven esposa Teófila lo criaran.

Ya a los cuatro años mostró el pequeño su inclinación por la música. Si algo lo deleitaba era escuchar a Teófila entonando las canciones de moda, que luego él tarareaba.

Con solo ocho años comenzó Pablo en el despalillo, precisamente en una tabaquería que poseía su hermano Emilio. Más tarde la propia Teófila lo llevó a la barbería Salón Petit para que se hiciera barbero. Sin embargo, el muchacho prefirió ser aprendiz de panadero, y a esa tarea se entregó muy entusiasmado en un establecimiento de la localidad.

Según sus familiares, de jovencito, era muy serio. Entre sus aficiones estaban el juego de damas, el ajedrez y el dominó. También era un gran bailador. La música fue siempre su gran disfrute y, con frecuencia, lo invitaban a cantar, principalmente en fiestas y peñas. Su iniciador y maestro fue Cándido Arola, cantante popular de Unión de Reyes. Además, contó con las enseñanzas del guitarrista Panchito Rodríguez. Todos juntos formaron un grupo al que se unieron Israel Cabrera y Pedro Alfonso, Papo.

Tenía Quevedo un amplio repertorio de tangos e interpretaba con verdadero sentimiento las canciones criollas. Por eso, no era extraño encontrarlo con sus amigos en el puente del ferrocarril a la salida de Unión de Reyes, entonando las piezas más populares.

La primera canción que interpretó fue «El hijo ausente»:

*¡Oh, quien pudiera tender el vuelo,*
*Cruzar los mares, ricos albores,*
*Subir las nubes del alto cielo,*
*Y en las riberas del patrio suelo*
*Colgar el nido de mis amores*
*Nido que guarda rica fortuna,*
*Madre del alma, del alma mía*
*Mis hermanos, rayos de luna*
*Que una misma y modesta cuna*
*Conmigo vieron la luz del día*
*Allí se unen los corazones*
*Al suave beso del fiel cariño,*
*Allí se inspiran las ilusiones,*
*Al dulce arrullo de las canciones*
*Que me durmieron cuando era niño.*
*Blanca gaviota que las espumas*
*Del mar cruzando vais indolente*
*Rasgando densas, macizas brumas,*
*Busca a mi madre y entre tus plumas*
*Llévale el beso del hijo ausente*
*Busca a mi madre y entre tus plumas*
*Llévale el beso del hijo ausente.*

Por algún tiempo continuó Pablo dedicándose a la panadería, primero en el Central Santo Domingo y, más tarde, en el Conchita.

Un día decidió instalarse en la capital; ya lo aqueja el mal que ha enfermado sus pulmones. En el sanatorio habanero donde está convaleciente, conoce a Panchito Carbó, quien lo inicia en el camino de la música profesional. Juntos llegan a integrar un aplaudido dúo y actúan en *La hora divina*, programa radial.

En mi búsqueda de información pude entrevistar a su amigo Panchito Carbó, quien tanto lo admiró:

—Era extraordinario, ha sido uno de los artistas más aclamados. Por aquel tiempo, el público me acosaba haciéndome infinidad de preguntas acerca de su estado de salud: ¿Se retira Pablo?, ¿Ha sufrido otra hemoptisis?, ¿Cómo se siente ahora? Todas esas interrogantes se debían a la preocupación que existía entre sus admiradores: temían una recaída fatal. Después de pasar crueles vicisitudes, una vida de sacrificios, cuando al fin había logrado la gloria artística y la fortuna, ocurrió el trágico desenlace que tronchó su existencia y que se debió a una bronconeumonía fulminante.

En su trayectoria, Pablo se unió a otras orquestas como Los Caciques. Cuando el intérprete formó su agrupación, lo sustituyó en Los Caciques Jesús Díaz Calderón, quien tenía una voz parecida a la del infortunado cantante.

En 1928, Quevedo se consagra definitivamente con la de Cheo Belén Puig, en la emisora CMQ. La radio es el vehículo idóneo de su expresión inigualable, aunque además se presenta en teatros y bailes populares.

Es la época en que reinó el danzonete, creado por Aniceto Díaz, el intérprete se convierte en uno de sus grandes cultores junto a Dominica Verges, Fernando Collazo y Paulina Álvarez.

## Así lo evocó Enrizo

En relación con Pablo, la periodista conversó con Nené Enrizo, otra de las notables figuras de la trova. El guitarrista hizo un memorable dúo con Juanito Valdés e integró el cuarteto de los Hermanos Enrizo.

Este fue su relato:
—La primera vez que oí a Pablito, cantaba en la Sociedad de Tabaqueros. Su voz verdaderamente fantástica, me impresionó vivamente. Nos conocimos y se nos ocurrió la idea de formar el trío Bohemio, en el que además participaba Cuco Soroa. Fue por 1925.

Por divergencias, aquel trío se desintegró y formamos el cuarteto Hatuey que componían Pablo, Vitaliano Mata y Miguelito García.

Este grupo gozó de gran popularidad por las interpretaciones que hacían del cancionero tradicional en las tandas trovadorescas de los principales cines y teatro habaneros.

Enrizo, quien tan ligado estuvo a la vida artística del malogrado cantante, me dijo ese día de aquella lejana entrevista:

–La situación económica de los años veinte era en realidad dura para Quevedo, quien hasta tuvo que vivir en mi casa de Peñalver y Escobar. En aquella vida trashumante, bohemia, cuántas veces no zurció mi esposa una camisa o un pantalón del que con el tiempo conquistaría el corazón del público femenino y llegaría a ser uno de los artistas mejor retribuidos.

## Del repertorio

Pablo Quevedo decía que su popularidad la cimentaban las canciones «Reina africana», «Una sola miradita», «Campanitas de cristal» y «Lupina». Además, el público le reclamaba «La clave misteriosa», «Una promesa» e «Idilio», bellas melodías que el cantaba en su estilo melodioso. Tal vez fuera la propia enfermedad la que hiciera que sus interpretaciones tuvieran esa característica tan peculiar. El divo de la voz de cristal compuso piezas como «No puedo olvidarte», «Sueño real» y «Gratos recuerdos».

En ocasión de su fallecimiento, se le ofreció un gran homenaje en Radio Salas en el que actuaron Joseíto Fernández, Graciano Gómez, y el conjunto de Justa García, entre otros.

Muchos jóvenes quizás no hayan oído hablar de Pablo Quevedo, pues nunca grabó o si lo hizo, esas grabaciones no fueron guardadas. Los que lo escucharon destacaban sobre todo aquel acento con un dejo de nostalgia.

Actualmente, continúa siendo una incógnita que el cantante no haya dejado grabación alguna; en la fecha de sus triunfos ya había varios estudios en la capital cubana e incluso la orquesta de Cheo Belén Puig imprimió varias placas.

Después del deceso de Pablo, varios cantores continuaron su lírica y, entre ellos Alfredo Abascal, Mario Jiménez y Juanito Garro. Por la buena memoria de mi tía Herminia, ya fallecida, pude conocer estrofas de la canción dedicada al cantor y que permanece en el olvido.

*La muerte sorprendió /al gran zorzal criollo/ su voz era dulce inspiración/maravillosa en la canción/. /Ya Quevedo se ha marchado/ de su voz no queda nada/ el sublime desdichado/ ya no cantará jamás/ Bien merece recordarlo/por su suave melodía/ el que ha sido tan amado/ de su pueblo admirador.*

# ¡PONME LA MANO AQUÍ, MACORINA!

Alguien que la admiró dijo que tenía una belleza infinita: ¿Qué no hubiera dado él por aquellos labios de perenne fuego?, ¿Y por esos senos, palomas inquietas, cansadas de tanta caricia deshojada? Sabía que a nada podía aspirar: sus bolsillos no brillaban con el relámpago del oro. Era un pobre diablo y debía conformarse con contemplar de lejos a La Macorina.[3] Quienes la poseían pagaban buenas sumas por flotar, aunque fuera una noche en el vértigo de su lecho de suaves sábanas de holán.

En ocasiones, en el más oscuro rincón de su cuarto de estudiante se preguntaba: ¿Es la Macorina una mujer sin alma? Hembra soñada por tantos ¿Amó, aunque solo fuera una vez? ¿Cuál sería en realidad la historia de la inspiradora del rico danzón bailado por todos?

Muchos años después, con iguales interrogantes, salió mi curiosidad en busca de lo cierto y en ese indagar encontré a un hombre viejo y ajado, que me contó:

—Me sentía un rey a su lado… Esa mujer sabía amar hasta con la respiración. Ha sido una de las prostitutas más célebres de Cuba, además la primera mujer en manejar un fotuto en esta Habana, convertida en una etapa en la capital del pecado por sus matones de rompe y raja, sus tortuosas calles, donde el amor tarifado se compraba al doblar de cada esquina, la guerra a sangre y fuego entre los chulos cubanos y los franceses.

—¡Si la hubiera visto usted! Conducía con garbo su automóvil muy despacito para que los hombres la contemplaran y las mujeres se murieran de envidia. Tenía un cuerpo escultural, aunque cojeaba un poco debido a un accidente, pero, quién se iba a fijar en ese detalle si era una Venus criolla. Fue la preferida de senadores y ricos hacendados e incluso se dice que fue amante del mayor general

---

[3.] Según consta en la copia de bautismo de La Macorina expedida por el Registro Bautismal de la Parroquia de San Hilarión Abad de Guanajay, ella se nombraba realmente Constancia Caraza Valdés.

José Miguel Gómez, presidente de la República. A ella, le gustaba como a nadie el lujo, los autos −tuvo varios−, los trajes elegantes, los perfumes franceses.

−Nos conocimos a la salida del cine y me invitó a su casa, fue al principio de establecerse en La Habana, cuando aún no tenía las ínfulas de más adelante. Y, sí, tuvimos una relación. Me volví como loco, solo anhelaba tenerla a mi lado. Por entonces, yo tenía un comercio de frutas y me iba muy bien, pero por complacerla me fui metiendo en deudas hasta quedar sin nada. Todo lo perdí, todo…

*Macorina, su primer automóvil le fue obsequiado en desagravio y compensación por un acaudalado comerciante criollo que la atropelló con su vehículo y la dejó con cojera para el resto de su vida, según cuenta el investigador Orlando A. Morales Pulido en su libro La Historia del Automóvil en Cuba*

33

De Macorina, inspiradora del sabroso danzón cubano, se han tejido múltiples historias; lo real es que el mito se engrandece con el tiempo. Ante el asombro de los más pacatos, a principios del siglo XX, rompió la tradición al manejar su fotuto blanco por La Habana; se trataba de un Hispano Suizo, que conducía con garbo despertando admiración

Según contara la propia Macorina, había nacido en Guanajay, en 1892. Se llamaba en realidad María Constanza Carazza Valdés, aunque todos la conocían por Macorina; sobrenombre surgido a partir de un simpático incidente. Paseaba la joven su belleza de gacela tropical por La Acera del Louvre, en el tramo de Los Parados, cuando un tipo pasado de copas la confundió con Consuelo Bello, La Fornarina, una cupletista española que en su época estuvo muy de moda. El borracho, al tratar de despertar su atención con grandes voces, la llamó Macorina. A partir de ese momento, fue conocida por ese apodo dictado por la equivocación y del que ella llegó a renegar.

Es cierto que muchos hombres pasaron por la vida de Macorina; parece que entre ellos estuvo el general José Miguel Gómez. Un episodio la vincula a él. Ella misma se encargó de relatar ese suceso en la entrevista que le realizara el periodista Guillermo Villarronda, en *Bohemia*, el 26 de octubre de 1958.

> Los acontecimientos políticos conocidos por La Chambelona encontraron en mí a la sincera admiradora que siempre fui de José Miguel Gómez, Él era mi amigo y, cuando se vio envuelto en aquel suceso, yo le ofrecí todo mi apoyo trasladando a sus partidarios, de un lado a otro en mis automóviles. Eso me valió ser arrestada y permanecer presa, durante veinticinco días, en la Cárcel de La Habana, de la que era alcalde Andrés Hernández, quien, al llegar yo a la prisión se hizo cargo de mis prendas, habilitó un local especialmente para mí y me trató como una reina, a pesar de que el presidente Menocal le había ordenado que fuera severo conmigo. El doctor Herrera Sotolongo se hizo cargo de mi defensa, pero no evitó que L.P tuviera que poner una fianza de 5000.00 para que yo pudiera gozar de libertad. La causa quedó interrumpida indefinidamente hasta el día de hoy.

## Una musa inolvidable

De Macorina se discute desde el lugar en que nació, la fecha de su nacimiento, el color de su piel y hasta quién fue en realidad el autor de la pieza que la inmortalizó.

Existe el danzón para piano de A. Torroella titulado «Macorina Pon Pon», con partitura del editor Anselmo López en 1919. Dice el estribillo:

> *Brillaba con la luna más hermosa que un clavel*
> *Brillaba con la luna más hermosa que un clavel*
> *Los ojos de mi mulata se llama Merced*
> *Los ojos de mi mulata se llama Merced*
> *Pon, pon, ponme la mano aquí, Macorina*
> *Pon, pon, ponme la mano aquí, Macorina.*

Está el danzón «Ma Corina», de A. Romeu, editado por J. Giralt e hijo. Otros consideran que la pieza pertenece al compositor Tomás Corman, quien aparece en la etiqueta del disco grabado por la orquesta Almendra de Abelardito Valdés e interpretado por Dominica Verges.

Por igual lo llevó a los surcos la orquesta de Cheo Belén Puig.

En la discografía de la orquesta Herrera aparece «Macorina» y en la de Jaime Prats el número grabado con el título de «Macorina pon, pon».

Se ha dicho que la internacionalizó Chavela Vargas, quien supo de la canción durante su estancia habanera; la sumó a su repertorio como una de sus favoritas y se encargó de propagarla por el mundo en sus distintas giras. La llamada Dama del Poncho Rojo aseguraba haber conocido en La Habana a Macorina, cuya piel era como la hoja del tabaco. La voz de la intérprete con la pieza está en el disco: *Chavela Vargas. Voz Sentimiento, del sello Orfeón.*

La actriz cubana Myriam Acevedo, rodeada de un público obsequioso, gustaba cantarla en su estilo en el Gato Tuerto, en el Vedado habanero.

Nuestro Abelardo Barroso acompañado de la orquesta Sensación la popularizó por los años cincuenta. Hay varias versiones y, entre ellas, la que expresa:

> *Yo conozco una madama*
> *que me tiene alborotado*
> *La Macorina la llaman*
> *y anda allá por Los Parados.*
> *Ponme, ponme la mano aquí, Macorina.*

*Otro texto grabado apunta:*
*Yo conozco una vecina*
*que me tiene alborotado*
*me enteré que en los saraos*
*la llaman La Macorina*
*(CoroO)*
*Ponme la mano, Macorina,*
*que me muero, Macorina.*
*Ponme la mano aquí, Macorina;*
*que me duele, Macorina.*

*Ponme la mano, Macorina;*
*que estoy loco, Macorina*

En esta historia está Alfonso Camín, considerado el Poeta Nacional de Asturias, quien vivió distintos períodos de su agitada vida en Cuba y trabajó en varias publicaciones como el *Diario de la Marina*. En su libro *Carey* (1953) incorporó el estribillo a unas décimas dedicadas a esta singular mujer: Veinte años entre palmeras

*Los cuerpos como banderas*
*Noche. Guateque. Danzón*
*La orquesta marcaba un son*
*De selva ardiente y caprina*
*El cielo, un gran frenesí:*
*"Pon,*
*ponme la mano aquí,*
*Macorina"* ...
*(...)*

En *La Rumba y otros poemas* está la grabación del poema de Camín en la voz de ese extraordinario declamador Luis Carbonell.

Según datos de Miguel Ojeda en su libro *La Macorina*, el pianista y compositor Luis Martínez Griñán compuso una obra con el nombre de esa beldad.

Sobre ella se inspiró el músico Edesio Alejandro, en una pieza cantada por el barítono Adriano Rodríguez; la producción de 1997 está incluida en la placa *CoraSon DeSon*.

El tema de «La Macorina» ha sido también grabado por la Original de Manzanillo, la Charanga de Rubalcaba y por la orquesta Aragón, aunque no íntegramente.

El conocido pintor cubano Cundo Bermúdez la recreó en un óleo.

Aquella mujer adinerada, ( ) quien logró tener nueve carros, cuatro casas palaciegas, una cuadra con caballos, quince perros y regenteó prostíbulos, la que viajó por España y Francia y retrataron los pinceles de varios artistas, incluso se dice que posó desnuda, a los cuarenta años había perdido toda su juventud y, claro, empezó a decaer. Los hombres que reverenciaban su belleza, ahora no volvían como antes el rostro para mirarla. Llegaba la hora del declive y ella lo había comprendido. Se abría una nueva etapa en la que reinó la soledad.

En sus últimos años adoptó el nombre de María Calvo Nodarse. De que La Macorina existió realmente dan pruebas las entrevistas que, al final de su vida, le hicieron varios periodistas como Alberto Pavia y Guillermo Villarronda. En su postrimería rechazó la mujer que fue.

Con ojos nostálgicos, en su diálogo con Villarronda en la revista *Bohemia* le reveló que su ilusión de siempre había sido llenar un avión de muñecas para "repartirlas entre todas las niñas de Cuba" Y añadía: "A veces, en medio de una fiesta y rodeada de admiradores, mi pensamiento volaba hacia aquel avión cargado de muñecas".

Su imagen evanescente aparece de vez en cuando en obras de teatro como *Réquiem por Yarini*, de Carlos Felipe, o algún reportaje que la trae a la actualidad. Además, conoció que se había convertido en un personaje propio de las Charangas de Bejucal. En 1912 se exhibe por primera vez un hombre disfrazado de mujer con grandes glúteos que la imitó. Se llamaba Lorenzo Romero Miñoso y hace muchísimos años falleció.

Desterrada al olvido, La Macorina dejó de existir el 15 de junio de 1977, en calle de Apodaca 356, en La Habana, donde sobrevivía humildemente con su amiga María Ramos y el esposo de esta. A una de las vecinas de la barriada, llamada Casimira Lamas, le suplicó que el día de su muerte le pusiera un vestido amarillo y le recalcó no dijera que era La Macorina. La allegada no solo cumplió su promesa, sino que no dejó de llevarle a su tumba las flores que tanto le gustaban.

El 21 de noviembre de 2017, un interesante artículo de Argelio Santiesteban: "Cuba,1954: se encuentran dos mujeres leyendas", explica que Chavela Vargas vino a Cuba mediante un contrato y se subyugó no solo con la Isla que visitó en distintas ocasiones, sino con la personalidad de Macorina e incluso a sus músicos acompañantes los iba a nombrar Los Macorinos.

# QUIÉREME MUCHO, DULCE AMOR MÍO

El idilio se convirtió en una pasión borrascosa; con las miradas dibujaban paraísos que inflamaban más aquel amor imposible, condenado por los convencionalismos sociales. ¿Qué hacer? Era la cuestión que aquellas almas se planteaban una y otra vez.

Este podría ser el inicio de una novela romántica y, sin embargo, el episodio de los enamorados dispuestos a morir parece que fue real, pues corrió de boca en boca; se trataba de dos figuras notorias del teatro cubano: la actriz y cantante Blanca Becerra y el director de orquesta y compositor Gonzalo Roig, que en esos momentos estaba casado.

Crecía el romance que desesperaba a la pareja. Él pensó en el suicidio como única salida; ella, en la plenitud de su belleza y carrera, selló el macabro pacto, pero: ¿de qué manera morir? Planearon beber una copa de vino con veneno o, darse un pistoletazo; al final, decidieron que la tragedia debía terminar espectacularmente: se lanzarían desde la platea del Teatro Nacional, hoy Gran Teatro de La Habana Alicia Alonso.

Llegó el día. Sintió el músico el calor de aquella mano regordeta y enjoyada que en apasionados raptos de locura había besado una y otra vez, y la apretó con fuerza para caminar juntos en busca de la muerte: fueron hasta el coliseo de Prado y sucedió que un borracho que merodeaba por el Parque Central vio a Blanquita y le pareció la más perfecta de las estrellas escapada del mismísimo cielo. Haciendo las más caprichosas eses se interpuso entre la pareja y le dijo a la actriz un piropo tan fuera de lugar que, ella, que acostumbraba a oírlos subidos de tono en el Alhambra, se sonrojó. Mas el beodo no solo quiso rendirle admiración con la picante frase, sino que puso manos a la obra y decidido

*Gonzalo Roig*

intentó ceñir la cintura de la artista. Iracundo, Roig con su bastón le dio tremenda zurra al inoportuno.

Pasó en ese momento un agente de la autoridad, quien sin miramientos cargó con los tres hacia la estación de policía. El borracho iba directo a la cárcel si lo acusaban, mas el célebre compositor luego de pensarlo dos veces pidió que lo dejaran en libertad. Al fin y al cabo, había impedido que tanto Blanquita como él se fueran al otro mundo.[4]

## Del inspirado autor

La reconocida artista aseguraba que ella le había inspirado a Roig la memorable criolla–bolero «Quiéreme mucho».

> *Quiéreme mucho, dulce amor mío,*
> *que amante siempre te adoraré;*
> *yo con tus besos y tus caricias*
> *mis sufrimientos acallaré.*

> *Cuando se quiere de veras*
> *como te quiero yo a ti*
> *es imposible, mi cielo,*
> *tan separados vivir,*
> *tan separados vivir.*

Hay varias explicaciones acerca de cómo surgió el texto, porque la música sí es de Gonzalo Roig. Se ha dicho indistintamente que la primera parte de la letra es de Agustín Rodríguez y la segunda del periodista Roger de Lauria, pseudónimo de Ramón Gollury.

Refería la actriz y cantante que cuando Roig escribía la música del sainete *El servicio militar obligatorio*, le preguntaba: «¿Blanquita, qué letra ponemos aquí?».

La *vedette* no negaba que la primera parte de «Quiéreme mucho» la escribiera Agustín Rodríguez, pero en cuanto a la segunda, le pertenecía solo a ella, dictada por su enamorado corazón.

---

4. La anécdota del frustrado suicidio de Blanquita y Gonzalo Roig la conoció la periodista en voz de Eduardo Robreño, enciclopedia viviente de nuestro teatro, durante las amenas charlas que ambos sostuvieron.

En una evocadora entrevista aparecida en la revista *Bohemia*, confesó al periodista Juan Emilio Batista: "Esa canción puede decirse que la compusimos Roig y yo, porque parte de la letra fue idea mía".

Hay versiones de que Roig supo de los versos de Agustín Rodríguez y les puso música con el título de Serenata cubana, estrenada por el tenor Mariano Meléndez, en un concierto en 1912, en la sala Hubert de Blanck.

Luego, necesitado de una canción para la obra *El servicio militar obligatorio*, Roig desempolvó su Serenata cubana, que conoció del mayor éxito en 1915, en las voces de Blanquita Becerra y Rafael Llorens, en el teatro Martí.

En conversación con el periodista Raúl Quintana, el propio Roig confesó: «Esa canción se hizo por hacer una canción. Me gustaron mucho los versos de Agustín Rodríguez y les puse música».

Cierta vez, preguntado sobre quién fue la musa que le inspiró la bella melodía de «Quiéreme mucho», contestó que no había sido otra que la pobreza.

Por la bagatela de cinco pesos, vendió Roig su joya musical a la casa Viuda de Carrera, frente al Capitolio, dedicada al comercio de instrumentos y partituras.

41

De aquellos fogosos amores de Blanquita y Roig, iniciados cuando ambos trabajaban en diversos espectáculos teatrales en México, quedaron al final rencores. Con el tiempo, la pasión fue volviéndose hastío, sobre todo, en ella. Él sufrió un gran desencanto, pues aún la quería. Adolorido, se marchó de la casa que ambos compartían y buscó consuelo en otros brazos; esta vez, una enfermera villaclareña.

En 1922, «Quiéreme mucho», la grabó para el sello Víctor el tenor italiano Tito Schipa. Ha tenido numerosas versiones en todo el mundo en las voces de notables cantantes: Alfredo Kraus, Plácido Domingo, Mireille Mathieu, Julio Iglesias, y está en el repertorio de cubanos como Omara Portuondo e Ibrahim Ferrer, este último logra una interpretación muy sentida en *Mi sueño*, su álbum póstumo. También la ha grabado la orquesta Aragón en un excelente arreglo de Tony Taño.

Quiéreme mucho, además, ha formado parte de la banda sonora de varias películas. Ha sido canción fetiche del cineasta Fernando Pérez para dos de sus más importantes cintas: *Madagascar* y

*Suite Habana*. También se canta en el premiado filme *La bella de Alhambra*, de Enrique Pineda Barnet.

## De los protagonistas:

Blanquita Becerra. Tiple y actriz, nacida en 1887, en San Antonio de Vueltas, Las Villas. Actuó en el circo –teatro Estrella, propiedad de su padre y luego en la carpa– teatro Edén, en Santiago de Cuba junto a Sindo Garay. Con la Compañía Lírica Española de Julio Ruiz, cantó como soprano en varias obras. Fue figura estelar del teatro Alhambra en obras muy populares como *La isla de las cotorras*, *Aliados y alemanes*, *La danza de los millones* y *Las desventuras de Liborio*. Desvinculada un tiempo del Alhambra, viajó en 1916 a México, con la compañía de Arnaldo Sevilla, en la que también estaba Gonzalo Roig. Durante su carrera, hizo una verdadera creación del *Po, po, pó* de la Dolores Santa Cruz, en la zarzuela *Cecilia Valdés*, de Roig. Como actriz trabajó en emisoras radiales. Viajó por varios países y actuó en los filmes *Sed de amor* y *Manuel García, El rey de los campos de Cuba*.

*Blanquita Becerra*

Después, de una intensa vida en la escena, Blanquita falleció el 30 de octubre de 1985, en la capital cubana.

Gonzalo Roig. Habanero, su verdadero nombre fue el de Julio González Elías Roig Lobo. Compositor y director de orquesta y de banda, nació el 20 de julio de 1890; se graduó en el Conservatorio Nacional de Música. En sus inicios tocó a veces como violinista y otras en el contrabajo en teatros y cines. Su batuta dirigió la Orquesta Sinfónica de La Habana, que había fundado junto a Ernesto Lecuona y César Pérez Sentenat. Escribió la música de *Cecilia Valdés*, con libreto de Agustín Rodríguez y José Sánchez Arcilla, basada en la obra homónima de Cirilo Villaverde y que fue estrenada en 1932, en el teatro Martí. Internacionalmente se considera esta zarzuela como la más representativa del teatro lírico cubano.

El catálogo de obras de Roig es muy amplio; abordó distintos géneros y creó boleros, criollas, danzas cubanas, danzones, guarachas, romanzas, punto guajiro, habaneras, pregones…Uno de los más notables autores de la música cubana, murió en La Habana, el 13 de junio de 1970.

# AUNQUE ME DUELA EL ALMA

La luz dorada se filtró hacia lo infinito y en el espacio la voz fue al encuentro con los recuerdos; pronto en la casona pinareña los fantasmas convocados se hicieron presencia y, como en ráfaga, el viejo tiempo regresó con ellos, aromando la melodía que nació de un gran amor.

## Nace una pasión

A la hora del *Ángelus*, cuando las campanadas del convento Inmaculado Corazón de Jesús se oían por todas las casas, despertando el denso silencio, un niño de mirada vivaz se convertía en mensajero del amor. No llevaba como Cupido, el carcaj lleno de flechas, pero sí en uno de los bolsillos de su overol, las cartas que día a día un enamorado escribía a su novia, una hermosísima trigueña, cuya pasión imposible le hacía añicos el alma.

Y porque hay sucesos que quedan para siempre en la memoria, el protagonista de aquella historia galante, el escritor pinareño Aldo Martínez Malo,[5] me contó la de Pedro Junco, el autor de «Nosotros», popularísimo bolero que los más notorios cantantes han interpretado.

—Mira, la primera vez que se tocó «Nosotros» fue en ese viejo piano que ves aquí. Era por 1942 y llegó a mi casa Eliseo Grenet. Enseguida se improvisó la tertulia y el autor de «Mamá Inés» reclamó de Pedrito Junco que tocara algunas de sus composiciones. No se hizo de rogar el joven, y la bella canción dibujó su doliente poesía.

44

---

[5.] El pinareño Aldo Martínez Malo (1932–2001) tuvo mucha cercanía no solo con Pedro Junco, sino también con Rita Montaner, quien le donó fotos y prendas de su vestuario que el escritor guardaba con verdadero celo. Por igual, él fue albacea literario de la poetisa Dulce María Loynaz, a la que lo unió profunda amistad. Ambos tuvieron un rico intercambio epistolar.

Grenet le pidió aquel bolero para darlo a conocer, pero el autor pinareño, con mucha amabilidad, se negó, pues lo tenía reservado para otra ocasión.

Y en el *Festival Musical Cubano*, en el Teatro Aida, en 1942, se estrena la pieza en la voz de Tony Chiroldi,[6] acompañado por el compositor. Delirio, aplausos, ovaciones interminables. El animador Germán Pinelli, muy emocionado, hace que Pedrito salude varias veces al público y el creador, en su propia voz, accede a cantar «Nosotros».

*Atiéndeme,*
*quiero decirte algo*
*que quizás no esperes*
*doloroso tal vez.*
*Escúchame,*
*que, aunque me duela el alma*
*yo necesito hablarte,*
*y así lo haré.*
*Nosotros*
*que fuimos tan sinceros,*
*que desde que nos vimos*
*amándonos estamos.*
*Nosotros*
*que del amor hicimos*
*un sol maravilloso*
*romance tan divino.*
*Nosotros*
*que nos queremos tanto*
*debemos separarnos*
*no me preguntes más...*
*No es falta de cariño,*
*te quiero con el alma,*
*te juro que te adoro*
*y en nombre de este amor*
*y por tu bien,*
*te digo adiós.*

45

---

6. Tony Chiroldi. Cantante pinareño. Nació el 20 de enero de 1919 y falleció el 25 de octubre de 1992 en Isla Verde. Carolina, Puerto Rico.

Una emisora de moda, Radio Lavín, lo invita al programa *Media hora contigo*. «Nosotros» ya es su carta de presentación, y el compositor interpreta su bolero ante el micrófono, siempre pensando en aquella inspiradora sanjuanera. Es en ese momento que el cantante mexicano Pedro Vargas, presente en el estudio, comenta: «Es lo más lindo que he escuchado. Mañana mismo lo canto».

Graduado de piano en la filial pinareña del Conservatorio Orbón, Pedrito disfruta de su quehacer musical.

Corre el tiempo y se recrudece la enfermedad pulmonar que ya lo aqueja. Hubo que hospitalizarlo. Escribió la última carta a su amada en la que le expresa:

> Te escribo casi sin poder. Me tienen ordenado reposo absoluto, pero es inútil. Sé que estoy condenado a muerte y mi fin, está próximo; sin embargo, que importa eso no tengo miedo de la muerte. Tengo miedo de no tenerte a ti. Solo una cosa te pido cuando me contestes, no hagas referencia a esto que te digo. Mis padres ignoran que yo sé lo que tengo…

Cuentan que el 25 de abril de 1943, Pedrito, quien siempre tenía el radio cerca de su lecho, oía un programa musical cuando el locutor anuncia que el maestro Rodrigo Prats dirigirá la orquesta interpretando «Nosotros».

La emoción crece y en los ojos esta la tristeza, intenta levantarse más siente que se ahoga. Tembló el cuerpo como hoja a la deriva en río tumultuoso, hasta que la muerte espejeó victoriosa. Cuando la hermana que había corrido en busca del médico, regresó, lo encontró con la cabeza reclinada en la almohada, ya sin vida.

> —¿Qué decirte del entierro? Aún me parece ver como en una película a aquella multitud, a aquel pueblo que lo idolatraba llevando en andas el féretro envuelto en la enseña nacional. De todos los lugares de la isla llegaron artistas para acompañarlo.

*Pedrito Junco*

—Al paso del cortejo, de las azoteas, arrojaban flores, mientras un coro gigante entonaba «Nosotros». Eso no se ha repetido jamás en Pinar del Río en toda su historia. Fue un dolor unánime: allí mismo podía verse al más encopetado, como a los pobres, aquellos descalzos que se sentían sus amigos.

—*¿Y ella? ¿Qué fue de ella?, indago curiosa:*

—El tiempo ha convertido esta historia de amor en una leyenda. Hasta mí han llegado rumores: dicen que la novia le llevó luto y siguió amándolo en silencio.

La periodista en su viaje a Pinar del Río, preguntó y fueron muchas las respuestas. Hubo quien aseguró que ella se volvió a casar y marchó lejos del país y hasta quienes comentaron que se había hecho monja de clausura.

## Hoja de vida

A partir de datos aportados por Aldo Martínez Malo, trazamos una biografía del compositor:

El 22 de febrero de 1917 nació Pedrito en la calle Pérez Castañeda, que posteriormente se llamó Virtudes, un niño al que la familia llamó Tito, hijo del matrimonio que formaban Pedro Junco y María Regla Redondas. Creció hermoso, lleno de mimos y cuidados.

Muy sensible para la música, a los 8 años comenzó con la profesora Estrella Pintado los estudios de piano, que culmina en 1933. Al año siguiente aparece en el periódico *Heraldo Pinareño*, su primer poema dedicado a su madre.

No solo gustaba de la música y la poesía, sino que era muy aficionado a los deportes, y en los enfrentamientos de pelota entre los Escolares y los muchachos de la Calzada, que él apadrinaba, se convirtió en jugador estelar. Sin embargo, tenía como favorito el boxeo.

En la emisora CMAB se le ve cada día atlético, apuesto, con su voz de barítono; allí toca el piano y descubre a Tony Chiroldi, con quien comparte la creación. El dúo triunfa en peñas, recitales, bailes.

El compositor continúa sus estudios en el Instituto de Segunda Enseñanza y su carácter rebelde, apasionado, lo hace apoyar las mejores causas al participar en las huelgas estudiantiles.

Se presenta en la RHC Cadena Azul en un concurso y logra el noveno lugar con el bolero «Quisiera»; después en otra ocasión, obtiene el primero con el único vals que escribió titulado «Tranquilamente».

La juventud de Pedrito no conocía descanso. La visita al puerto de La Coloma lo llena de alegría; pasea con sus amigos y familiares por el paisaje marino hasta que un fuerte aguacero le llegó a los huesos. Por la noche, la fiebre quema; el muchacho tiembla, tiene los ojos enrojecidos. Lo ingresan en el sanatorio de la Colonia Española, donde el médico receta reposo de varios meses.

Ya recuperado, viaja a La Habana, añora el encuentro con la capital, sobre todo, con el encanto de su vida artística. Matricula Derecho en la Universidad, pero su amor por la música lo lleva a dedicarle su mayor tiempo.

Sus composiciones «Tus ojos», «Mi santuario», «Como soy», son incluidas en el repertorio de afamados intérpretes.

A los veintitrés años volvió a meterse la enfermedad en el cuerpo de Pedrito o, tal vez, nunca lo abandonó. Ahora es una gripe mal cuidada y la imprudencia de otro fuerte aguacero encima la que oscurece su salud. Los familiares están asustados; se habla de tuberculosis pulmonar; aunque otros no descartan la hemofilia.

Regresa a Pinar del Río. Un día la alarma recorre la ciudad; en la base norteamericana de San Julián estalla la catástrofe, que consterna a todos. Pedrito se olvida de su convalecencia y es de los primeros que corre en auxilio de los heridos. Muy grave por la recaída languidece entre las pálidas sábanas. Ronda la muerte. El final es inevitable.

## ¿A quién verdaderamente amó?

A lo largo de los tiempos los investigadores continúan abordando el tema de Pedro Junco y las posibles musas de «Nosotros». Se citan los nombres de la poeta Rosa América Coalla, y las de otras: Gladys, Esther, Leonila, Hortensia… e incluso se ha hablado de una trapecista llamada Cubita de la que el joven quizás se enamorara. Fue por 1936, que el circo Montalvo llegó a tierras pinareñas y, entre sus mayores atracciones estaba el número de Cubita, La bella, que en el trapecio hacía temblar de emoción al público. Dicen que Pedrito se prendó de ella, mas el romance se interrumpió al viajar la acróbata a Venezuela; el compositor cantó sus penas en unos versos que decían: *Por ti sigo esperando/ y tú no te acuerdas de mí.*

Hay otras anécdotas acerca de quien inspiró el bolero «Nosotros». Entre las que al principio circularon se cuenta la de un comerciante que se estableció en Pinar del Río con su esposa, la que no tardó en sostener relaciones amorosas con Pedrito. Ante el peligro de aquel idilio clandestino, ambos optaron por desistir de la aventura.

¿Compuso su inmortal pieza realmente para su novia oficial, la sanjuanera María Victoria Mora, cuyos amores la familia pudo haber prohibido por la enfermedad del joven? ¿Acaso la pareja rompió por una infidelidad del compositor? ¿A quién realmente estaba dirigida la carta escrita en su lecho de enfermo? Son diversas las conjeturas. Todavía hoy nos preguntamos quién en realidad lo llevó a plasmar en el pentagrama tan bella melodía de amor y renuncia.

Son numerosos los intérpretes cubanos que grabaron el bolero «Nosotros» y, entre ellos, René Cabel, Mario Fernández Porta, Roberto Espí con el Conjunto Casino, Tito Gómez, la orquesta Aragón. Lo incluyeron en su repertorio los españoles Plácido Domingo, Julio Iglesias, Sarita Montiel…y en México, entre otros, Fernando Fernández, Pedro Vargas, el trío Los Panchos y Luis Miguel.

«Nosotros» tiene más de quinientas versiones y aparece en la banda sonora de varias películas como en *Oye esta canción*, rodada en Cuba en 1947, dirigida por Raúl Medina y con argumento de Caridad Bravo Adams. En 1994 se filmaron *El intruso* y la titulada *Nosotros* con actuaciones de Ricardo Montalbán y Emilia Guíu.

# VOCES Y ESTILOS

# ANTONIO MACHÍN: UN ÁNGEL NEGRO

La madre Leoncia, de negra piel reluciente, gustaba cantar las melodías de moda mientras fregaba los calderos de la vieja hornilla de carbón o lavaba la ropa blanca de cama, un pantalón ya desteñido y, con sumo cuidado, una blusa de seda que le regalaran años atrás por su cumpleaños y que solo estrenó en un baile cuando miró el amor en los ojos de aquel español recién llegado a Sagua la Grande.

De aquel enamoramiento nacieron quince hijos, entre ellos, Antonio Machín en 1903. De niño, comenzó a tararear aquellas canciones aprendidas en la voz de la mamá y las hizo por siempre suyas.

En el barrio a la salida de la escuela, los amigos lo animaban a cantar y él los complacía a todos. Jovenzuelo, no dudó un día en escaparse a Santiago de Cuba, cuna de la trova y el son; regresó de esa ciudad bajo una lluvia de regaños cuando el padre fue a buscarlo. Tiempo después, decidió entonces viajar a La Habana, donde estaba seguro que sus sueños se realizarían más temprano que tarde. Trabajó en la construcción y en sus noches libres vivió aquella bohemia de bares, cantinas, clubes, en el puerto de la gran capital.

Llega 1924 y forma un dúo: él, voz prima y el trovador Miguel Zaballa, voz segunda. Otro momento en su trayectoria profesional: el Trío Luna, dirigido por Manuel Luna e integrado además por Enrique Peláez. Cultivan desde el sentimental bolero hasta la pícara guaracha, sin olvidar nuestro son.

La gran oportunidad le llega cuando se incorpora a la orquesta de Don Azpiazu. Su participación como cantante en este grupo es clave porque amplió sus horizontes musicales al presentarse en reconocidos escenarios e incluso grabar.

Nefertiti Tellería, en «Antonio Machín 86 aniversario de su nacimiento», puntualiza:

Cuando en el año 1926 se presentaba en el exclusivo y lujoso Casino de La Habana, el primer cantante mestizo, se imponía una vez más, la calidad musical por encima de los antagonismos raciales y clasistas, y realmente no faltaban motivos para considerar difícil el desenvolvimiento de un músico como Antonio Machín, en este y en los más disímiles escenarios de Norteamérica y Europa.

Le espera el mayor de los éxitos en 1930 en Nueva York con la orquesta Havana Casino de Don Azpiazu cuando actúa en el Palace Theatre de Broadway, donde canta «El manisero», del compositor cubano Moisés Simons; arrebata este son pregón, que Machín graba en lo que se estima el primer disco millonario de la discografía cubana.

*Maní, maní…*
*Si te quieres por el pico divertir*
*Cómprame un cucuruchito de maní.*
*Ay, ay*
*Ay, que calientico y rico está*
*ya no se puede pedir más*
*Ay, caserita, no me dejes ir*
*porque después te vas a arrepentir,*
*y va a ser muy tarde ya.*
*Manisero se va.*
*Caserita, no te acuestes a dormir*
*sin comprarme un cucurucho de maní.*
*Cuando la calle sola está,*
*casera de mi corazón,*
*el manisero entona su pregón*
*y si la niña escucha su cantar,*
*llama desde su balcón:*
*dame de tu maní,*
*que esta noche no voy a poder dormir*
*sin comprarme un cucurucho de maní.*
*Ay, ay,*
*manisero se va, se va…*

La pieza se escucha en la voz del nuevo ídolo principalmente en Francia e Inglaterra. El intérprete crea el Cuarteto Machín, que hizo antológicas grabaciones para la RCA Víctor de compositores tan afamados como Sindo Garay, Ignacio Piñeiro, Graciano Gómez y Rosendo Ruiz, entre otros.

Machín lleno de bríos no detiene su andadura musical y funda su orquesta Habana con la que se presenta en las principales ciudades de Europa. Vestido elegantemente y siempre con sus maracas, en 1936, lo encontramos en el espectáculo musical *Canto a los trópicos*, de Moisés Simons. «El manisero» en su interpretación, fresca, cubanísima, gana el aplauso de todos.

Alejo Carpentier en una crónica publicada en la revista *Carteles*, expresa su admiración por el cantante:

> En Machín, voz grata, de ricas sonoridades, los géneros cubanos hallan un intérprete concienzudo y conocedor de sus menores matices. Autor de una notable creación del Manisero de Simons, Machín sabe interpretar con igual fortuna una rumba trepidante o una canción llena de nostalgias. Su repertorio es vasto y diverso. Pleno de curiosidad y amor por las cosas de su tierra, ha sacado del olvido muchas décimas antiguas, muchas canciones cuyo recuerdo comenzaba a borrarse, comunicándoles nueva vida. Lleno de gravedad y unción, interpreta las melodías del trópico con una elocuencia irresistible. Buena prueba de su talento está en el hecho de que ha logrado convencer sin dificultad a dos públicos tan disímiles como el inglés y el francés.

53

De París viaja a Londres, y en el Teatro Adelphya recibe las más calurosas ovaciones cuando interpreta: «Lamento esclavo», de Eliseo Grenet y «Lamento africano», de Ernesto Lecuona.

Durante 1938 se estableció en París y luego decide residir en España. Es la etapa del fascismo y Machín ha de comenzar de nuevo; durante siete años está con la orquesta Los Miuras de Sobré y, en calidad de solista, viaja por la extensa geografía española. La consagración en el país le llega en 1947 con el estreno de «Angelitos negros», de Andrés Eloy Blanco y Manuel Álvarez (Maciste). De esta grabación se vendieron miles de discos. Otra de las canciones más aplaudidas de su repertorio: «Dos gardenias», de su compatriota Isolina Carrillo.

Centralizó gustadas producciones musicales como *Ébano y Marfil, Cancionero Cubano, Caras conocidas, Maracas, Palillos y Tambores, Altas variedades, Espectáculo Internacional, Cuba y España* y *Melodías de Color.*

La fama del cubano nunca decayó, su prodigiosa voz prima se escucha en la colección de volúmenes Antonio Machín como siempre. Para la disquera Discofhon grabó trescientos discos hasta 1967.

Compuso: «Dímelo», «El pobre corazón», «Quiero que hablemos», «Mi ángel protector», «Moreno», «Peregrina flor», «Sentimental», «A Baracoa me voy», «A Santa Clara me voy», «Una sola seña». Junto con Santiago Rogés, escribió el bolero montuno «Sagua la Grande».

En la pantalla grande participó en los filmes españoles: *La casa de la sonrisa, Del rosa al amarillo, La niña de luto, Fin de semana* y *Canciones después de una guerra.*

Siempre actualizado tuvo su agrupación: Antonio Machín y la Orquesta Chachachá, que llevó la música del maestro Enrique Jorrín a diversos lugares de España y aún más allá de sus fronteras.

Por muchos años el cubano continuó cantando y ganando aplausos. El 4 de agosto de 1977, a la edad de 74 años, falleció en Madrid. Fue sepultado en la necrópolis de San Fernando de Sevilla, tal como él había pedido. Allí un monumento recuerda al cantante Antonio Abad Lugo Machín.

Pachito Alonso y sus Kini Kini grabaron en 2013, un disco con Producciones Colibrí, titulado *Homenaje a Antonio Machín y Pacho Alonso,* en reconocimiento a la amistad de ambos intérpretes.

El sagüero dejó una estela de admiración en España, donde fue muy querido por distintos artistas:

Para el catalán Joan Manuel Serrat: «La figura de Machín está ligada a la cultura sentimental de la radio».

Otro intérprete español, Carlos Cano, al opinar sobre el cubano, resaltó: «Nunca hubo una voz más suave y estremecedora, mezcla de azúcar y mar».

Su influencia también se hizo sentir en personalidades como el director de cine manchego Pedro Almodóvar, quien comentó: «Él fue el que me metió el bolero en la sangre».

# BARBARITO DIEZ, LA VOZ DEL DANZÓN

El café Vista Alegre era centro de reunión de la bohemia habanera, principalmente de conocidos trovadores como Sindo Garay y su hijo Guarionex, Manuel Luna, Manolo Romero, Graciano Gómez, Manuel Corona… En una ocasión Antonio María Romeu llegó allí muy acongojado, acababa de enterrar a su amigo Fernando Collazo. Al Mago de las teclas le preocupaba también la sustitución del notable vocalista en la orquesta que dirigía. Fue Graciano Gómez, quien le dijo: «Hace años está conmigo un joven de Manatí, que por sus condiciones bien puede reemplazar al difunto». No esperó mucho Romeu y, al siguiente día, convocó a Barbarito Diez, y quedó encantado con el timbre del tímido muchacho.

Coincidió el paso de Barbarito a la orquesta de Romeu con el auge de la radio y, pronto, su voz se popularizó. El cantante estampó su estilo único en cada canción que interpretó ya fuera solo en el danzón o en otros ritmos que con maestría danzoneó.

## Despertar a la vida

Nacido en Bolondrón, Matanzas, el 4 de diciembre en 1909, sus padres se establecieron en Manatí, Las Tunas. Muy jovencito conoce al guitarrista Carlos Benemelis, quien, sorprendido por su acento musical, lo invita a cantar e incluso juntos dan una función en el teatro de Manatí. Llegó Barbarito a La Habana con el íntimo deseo de probar fortuna, aunque al principio tuvo que conformarse con el trabajo de albañil. Conocer a Graciano Gómez fue para el muchacho una bendición. Por igual entabló amistad con el tresero Isaac Oviedo.

Juntos crearon tríos y otras formaciones como el septeto Matancero y el Quinteto Selecto. Se unió también al Trío de Ases con Justa García y Jesús López. Otras experiencias las tuvo con las orquestas de Manolo Puertas, Frank Emilio y, finalmente en 1939, con la de Antonio María Romeu; en todas brilló por sus amplias facultades como tenor. A la muerte de Romeu, en 1955, la agrupación pasó a nombrarse Orquesta de Barbarito Diez.

Gloria de la música cubana actuó en Santo Domingo, República Dominicana, Nueva York y Miami. En Venezuela fue un verdadero ídolo; allí se presentó en 1981, 1982, 1984 y, en 1985, en el Ateneo de Caracas junto a Pablo Milanés. Con la orquesta de Guillermo Rubalcaba actuó en México en 1981. Para el maravilloso disco con la Rondalla Venezolana no viajó a ese país; acompañado por una guitarra hizo las grabaciones en La Habana, que más tarde se editaron en Caracas.

Este LP tiene memorables piezas como «Frenesí», «Idolatría», «Nunca», «Si llego a besarte», «Arrollito de mi pueblo», «Y tú que has hecho», «Palmeras»… En Venezuela se convirtió en un verdadero *hit* al extremo que el cubano en las listas de los grandes éxitos sobrepasó a artistas que estaban en el *boom* en ese momento como Barbra Streissand y Donna Summer.

Su extensa discografía incluye, entre otros, los volúmenes denominados: *Barbarito Diez con la Orquesta de Antonio María Romeu* en *Así Bailaba Cuba* (1958-1973); *Barbarito Diez interpreta Canciones de Graciano Gómez*, 1976; *Barbarito Diez canta a Venezuela*, 1979; *Barbarito Diez Bodas de Oro*, 1979; *Joyas musicales*, 1988; *Barbarito Diez. Señores del bolero*, 1999; *Barbarito Diez con la orquesta de Antonio María Romeu, De Cuba con amor*, 1992; *Barbarito Diez. El auténtico danzón cantado*, 2004; *Barbarito Diez. Orquesta Antonio María Romeu Las Voces del Siglo*, 2007.

El artista tenía en su repertorio a grandes autores: Sindo Garay, Manuel Corona, Alberto Villalón, Eusebio Delfín, Jaime Prats, Gonzalo Roig, Ernesto Lecuona, Graciano Gómez, los hermanos Grenet…

Con su figura erguida, siempre serena, Barbarito poseía la majestad de un príncipe negro. Cantó los más hermosos boleros como Ella y yo, música de Oscar Hernández y letra de U. Ablanedo.

*En el sendero de mi vida triste hallé una flor*
*Y apenas su perfume delicioso me embriagó*
*Cuando empezaba a percibir su aroma se esfumó*
*Así vive mi alma, triste y sola,*
*Así vive mi amor.*
  *Queriendo percibir de aquella rosa*
  *Su perfume y color,*
  *Que el lloro triste de mi cruenta vida secó,*
  *Como la rosa como el perfume,*
  *Así era ella,*
  *Como lo triste como una lágrima,*
  *Así soy yo.*
  *Como lo triste como una lágrima,*
  *Así soy yo.*

Dos sustanciales opiniones sobre el cantante registran el musicógrafo Rafael Lam, en su artículo «Barbarito Diez, La Voz del danzón», aparecido en la revista *Tropicana*. Expresó la musicóloga María Teresa Linares: «Es como catar el buqué de un buen vino que se degusta y notamos las diferencias imperceptibles. Su privilegiada voz es muy estable, afinada y natural».

Miguel Barnet lo definió así: «Cantaba como si fuera un pastor evangélico, era como un akpwón, un cantante solista yoruba, con ese registro especial».

El 6 de mayo de 1995 expiró el artista en La Habana. Legó una riquísima obra marcada por su acento inconfundible.

# UNA EMPERATRIZ PARA EL DANZONETE

Primero jugaron a la rueda rueda…, luego, a la quimbumbia; la pecosa y presumida Miriam propuso saltar al pon, mientras Carlitín, sin dudas el más travieso, le pedía a Paula que cantara la canción de moda. El tiempo mañanero pasaba en alas de las risas de la muchachada. De pronto, alguien se volvió hacia la niña de piel acanelada, apretadas trenzas y hermosa voz y, le dijo: "Paulina, sube la peña"; enseguida, los demás a coro repitieron: 'Paulina, sube la peña Paulina…', a partir de ese momento, a Raimunda Paula Peña Álvarez, la llamaron Paulina y lo adoptó luego en su carrera artística.

### Danzonete, Danzonete…

*Allá en Matanzas se ha creado*
*Un nuevo baile de salón*
*Con un compás muy bien marcado*
*Y una buena armonización.*
*Para las fiestas del gran mundo*
*De la elegancia y distinción,*
*Será el bailable preferido*
    *Por su dulce inspiración.*
    *Estribillo*
    *Danzonete, prueba y vete*
    *Yo quiero bailar contigo*
    *Al compás del danzonete.*

Cuando se habla de los grandes intérpretes del danzonete hay que citar a Fernando Collazo, Joseíto Fernández, Pablo Quevedo, Abelardo Aroche y, por supuesto, a Paulina Álvarez.

El danzonete, creado por el matancero Aniceto Díaz y derivado del danzón en mezcla con el son, destacaba la figura del cantante en la orquesta. Del titulado «Rompiendo la rutina», estrenado el 8 de junio de 1929, en la Sociedad Casino Español de Matanzas, haría luego Paulina uno de sus mayores triunfos.

La cienfueguera, es la primera mujer en interpretar vocalmente el género; otras cantantes también siguieron su ruta en diferentes conjuntos; entre ellas, Ana María García, Estela Rodríguez, Elena Li, Dominica Verges y Rosita Miranda.

Paulina nació en 1912, año en que Ernesto Lecuona da a conocer su famosa obra «La comparsa» y el trovador Sindo Garay, «Guarina». Muy joven se inicia la muchacha en la música; realizó estudios en el Conservatorio Municipal de Música de La Habana (hoy Amadeo Roldán) Cantó en sociedades como Unión Fraternal, Centro Maceo, Los Torcedores, El Progreso y en ferias como la de Los Precios Fijos.

En 1931 llegó a solista de la orquesta Elegante, dirigida por Edelmiro Pérez. Según datos de la reconocida investigadora Rosa Marquetti, se trata de una formación estilo charanga en la que una mujer actúa como cantante principal en una orquesta masculina de este tipo.

Trabajó con las de Ernesto Muñoz, Cheo Belén Puig, Hermanos Martínez y la de Neno González con la que alcanzó su consagración definitiva.

La propia Marquetti, consigna sobre Paulina:

> A inicios de 1938, se la ve como cantante con la orquesta del danzonero Cheo Belén Puig. Hasta que poco después decide crear y liderar la suya propia. Es sin dudas, un relevante hecho que la convierte en precursora, pues todo parece indicar que fue la primera mujer en poseer y dirigir una orquesta de música popular cubana integrada por hombres, entre los que se destacan prominentes músicos como el flautista Manolo Morales, el pianista Everardo Ordaz, años después de notoria ejecutoria, el bajista Rodolfo O'Farrill, Gustavo Tamayo, en el güiro, entre otros.

Popularizó números como «Capullito de Alelí», «Lupina», «Campanitas de cristal», «Mírame así», «Lágrimas negras», «Mujer divina»; no le fueron ajenos otros géneros como la rumba y grabó «Rataplán, plan, plan», de Rosendo Ruiz Quevedo, con la orquesta de Everardo Ordaz para la Víctor. Hizo, además grabaciones con los sellos Panart Récords, Tailking Machine Company y Areíto.

La denominada Emperatriz del danzonete, constituyó luego otra agrupación, esta vez, a cargo del maestro Armando Ortega. Dato curioso: el compositor y pianista Dámaso Pérez Prado tocó con el conjunto de Paulina.

Con su orquesta la cantante participó en 1939 en un concierto en el Auditórium, donde no solo fue muy aplaudida por su interpretación de «Tú no me comprendes», de Rafael Hernández y otras canciones, sino que fue la primera vez que una típica se presentaba en el escenario de aquel exclusivo teatro.

Ese mismo año le hacen un extraordinario acto en los Jardines de la Polar, donde tocaron quince relevantes orquestas de la época y se utilizaron medios propagandísticos inusuales hasta entonces, pues

un avión repartió los anuncios del acontecimiento sobrevolando la capital y sus municipios. El aviador Ríos Montenegro voló sobre la Plaza de la Fraternidad y el Parque Central, para lanzar más de doscientas entradas que daban derecho a asistir gratuitamente al homenaje que se le tributa a la popular artista.

En 1942 es invitada al gran homenaje que, con el título de *Rumba Rita*, le ofrecen a la Montaner en el estadio de La Polar y que constituye un magno suceso artístico por las figuras que brindan su concurso y donde desfilan las principales comparsas habaneras.

Fue Paulina máxima atracción del espectáculo *Fiesta del Ritmo*, que el compositor Armando Valdespí, dirigió en el Teatro Martí y en el que además intervinieron Las Tres Muñecas, la orquesta de los Hermanos Castro y la femenina Ensueño.

Estuvo entre las primeras cantantes que se presentó en la TV y en las grandes producciones de Tropicana como *Tambó* y *Copacabana*, en 1957; *Yumbambé*, en 1962 y *Senseribó*.

Apareció en varios documentales y en el filme *Yambaó* que, en 1956, rodó Alfredo B. Cravena con Ninón Sevilla y Ramón Gay.

Después de alejada algunos años del escenario reapareció en 1959 con la Gran Orquesta Típica Nacional, dirigida por Gilberto Valdés y asesorada por Odilio Urfé y Rodrigo Prats.

Su voz y presencia se hicieron sentir en el *Festival del Danzón*, organizado en 1960 por Gilberto Valdés. Cantó en el Autopista compartiendo la escena con la bolerista Gloria Arredondo, conocida como La creadora del suspenso.

Se presentó con orquestas como Arcaño y sus maravillas y la Aragón, entre varias. Hizo memorables dúos con nuestro Benny Moré y con Barbarito Diez.

Su último escenario fue el programa de la televisión *Música y estrellas*. La conocida Emperatriz del Danzonete falleció en La Habana el 22 de julio de 1965.

# BENNY MORÉ, SINSONTE EN SU ISLA

Ese mulato alto, de sombrero alón y acento inconfundible sigue cantando en el alma de los cubanos. Ahí está en la vieja victrola Wurlitzer, echando al aire su voz, para estremecer a la amada: *Te he pedido perdón/ con el pensamiento, / te he pedido perdón, vida, / sin saberlo tú...* o tocando la gracia criolla en ese *hit* que fue *Devuélveme el coco/ que tengo contigo/ Dame una oportunidad/ para romper ese coco, que, si no me vuelvo loco/pero loco, loco de verdad,* y motivado cantándole a Santa Isabel de las Lajas, su patria chica. Benny, nuestro Benny, será siempre ese soplo de nostalgia, que nos duele dentro, y más aún la sabrosura de la guaracha, las inspiraciones del cubanísimo son. Él marcó con su estilo único los géneros cubanos desde el bolero a la rumba.

Leyenda viva de la música cubana, nació en 1919. Su linaje partía de su tatarabuelo aquel Ta Ramón Gundo, arrancado sin piedad de tierras africanas para servir al Conde de Casa Moré en el Central de Santa Isabel de las Lajas. Para Bartolomé Maximiliano Moré, la música, fue su gran primer amor. Desde pequeño sabía marcar el ritmo con su cuerpo flaco y desgarbado. En su casa donde había un Casino de los Congos aprendió a bailar makuta, viejos sones, a rallar el tres...Luego, fueron las plantaciones de caña y el inclemente sol quemándole la piel.

Por 1932 organiza el Conjunto Avance, en Camagüey, donde se había establecido con su familia; luego, trovó con un trío que componían Cheo Casanovas y Enrique Benítez.

Malos tiempos aquellos en los que se trasladó a la capital cubana, dicen que, en un camión, donde mareaba el verde de las coles.

La Habana 1936 le mostró su paisaje que lo fascinó. Pronto volvió a la realidad: la sobrevivencia en aquella ciudad desconocida. Deambuló por las calles y el primer trabajo que consiguió fue vendiendo frutas y verduras a medio podrir «averías» le llamaban. También llenó un canasto de plantas medicinales y voceaba su mercancía: *apasote, hierbabuena, albahaca... Cómpreme señora, mire el cundeamor es buenísimo para la diabetes, quiere un ramito de...* Estaba joven, en su plenitud, por eso no lo vencía el cansancio y a medianoche iba a los muelles de bar en bar con su guitarra y muchas canciones románticas en la voz. Aquellos marineros, dolidos de amores perdidos gustaban de oír al lajero, y le pedían una y otra canción: «Amigo, no te vayas, Cantante, pon otra...». Las monedas caían en el platillo y él, sonriente, daba las gracias. Algo parecido sucedía cuando lograba encantar a los turistas que bebían sorbo a sorbo las cervezas de marcas criollas, en el restaurante bar de El Templete.

Más tarde, fue la Playa de Marianao con sus puestos de frita y ese personaje inolvidable: el Chori, dios rumbero, tocando como nadie aquellas botellas de colores que sonaban a gloria.

Benny se presentó en la *Corte Suprema del arte*, en la CMQ, y le tocaron la campana. Hubo cierta desilusión, mas no cejó en su empeño y cantó en la Mil Diez.

Su sensibilidad musical se nutrió de todo el ambiente sonoro que por esa época se escuchaba: le llegaron los aires del jazz mediante el swing, los considerables aportes de orquestas como Casino de la Playa, Riverside, Havana Casino, Hermanos Castro, entre otras, sin olvidar las apreciadas grabaciones de conjuntos como Casino, Arsenio Rodríguez, y la Sonora Matancera. Reverenció a Panchito Riset. El son se le metió en las venas con los septetos Munamar, Afrocubano, Boston, que ya hacían furor entre los bailadores. Por los cuarenta, el renovador filin de igual modo tuvo influencia en el lajero.

Llegó una oportunidad con el Cuarteto Cordero y más tarde con el Sexteto Cauto del tresero Mozo Borgellá, en el que sustituye al afamado cantante

José Cheo Marquetti. La mayor fue con el conjunto de Miguel Matamoros, a quien mucho admiraba. Con esta agrupación, graba para la RCA Víctor cinco memorables placas de acetato, en las que sustituye a Miguel, en esos momentos enfermo de las cuerdas vocales. Se trata de las primeras grabaciones de su posterior y considerable discografía: «Buenos hermanos» y «La cazuelita»; «La ruina de mi bohío» y «Mexicanita veracruzana», «Penicilina» y «Me la llevo»; «Seré dichoso» y «Qué será eso»; «Ofrenda criolla» y «Se va a morir». Todos estos registros los hace en los estudios de la RCA Victor, ubicados en la emisora CMQ.

Viajan a México y se presentan en espectáculos y en emisoras como la XEW. Cuando el conjunto regresa a la isla, él, decide quedarse; piensa que ahora sí la fortuna le va a sonreír. A sugerencia de Siro Rodríguez, cambia su nombre por el de Benny, pues en tierra azteca llaman bartolo a los mulos. En México, no solo ganó nuevas experiencias, sino que demostró su estirpe de cantante sin igual en Son Veracruz, Son Clave de Oro, la orquesta de Mario Ruiz Armengol, la de Juan Bruno Tarraza, la banda de Absalón Pérez... Hizo inolvidables grabaciones respaldado por orquestas muy reconocidas como las de Humberto Cané, Memo Salamanca, Chucho Rodríguez, Mariano Mercerón, Arturo Núñez. Con Lalo Montané crea un excelente dúo en el bolero «Mucho corazón» de Emma Elena Valdelamar. El triunfo corona al pianista y compositor Dámaso Pérez Prado y Benny es voz en riquísimos mambos y otros ritmos. Grabó con su compatriota más de sesenta discos. *Etapa de Mamboletas*, *Locas por el mambo*, *Tocineta*, *Pachito e' ché*, *Babarabatiri*, *Tú solo tú*, *María Cristina*... Con El Rey del Mambo, viaja a Panamá para los carnavales ¡El arrebato, señores!

Ya su isla lo estaba llamando, y regresó. ¡Qué emocionado encuentro con su madre Virginia! Familiares, amigos, todos querían abrazarlo. En Santiago de Cuba, con Mariano Mercerón forma el trío de cantores de esa orquesta con Fernando Álvarez y Pacho Alonso. Con Mercerón, grabó: «Candelina Alé», «Qué bandolera», «La chola», «Fiesta de tambores». Al separarse de la agrupación, se establece en La Habana dispuesto a seducir a la capital.

Trabajó con la orquesta de Bebo Valdés y su ritmo Batanga, en la RHC Cadena Azul y, seguidamente, pasó a Radio Progreso con Ernesto Duarte, de quien graba «Cómo fue», y «Adiós a Palma

Soriano», de Ramón Cabrera, que pronto son *hits*. Actuó en los cabarets Sierra, Alí Bar, Montmartre, Tropicana, conquistó en los salones de La Tropical y la Polar.

En 1953 funda su propia agrupación, la Banda Gigante, con la que realizó numerosas grabaciones: «Baila mí son», de Evelio Sandu; «Hebra de plata», José C. Fumero; «Tú me gustas», Rey Díaz Calvet; «Me miras tiernamente», Yáñez y Gómez; «Dulce desengaño», Armando Beltrán; «Busco tu olvido», Mercedes Fernández; «¡Oh, vida!», Yáñez y Gómez; «Fiebre de ti», Juan Arrondo; «Que me hace daño», José Dolores Quiñones; «Guajiro de verdad», Manolo Alfonso; «Por ser como tú eres», José Slater Badan; «Guantánamo», Ramón Cabrera, «Mi corazón lloró», Frank Domínguez, «Pongan atención», Horacio de la Lastra...

Su regusto principalmente por el son y el son montuno, al que sumó elementos del nengón y el changüí, se manifiesta en su amplio repertorio, lo cual hizo notar el musicólogo Odilio Urfé, quien llegó a definir al cantante lajero como: «La forma más avanzada del son».

El Bárbaro del Ritmo con su jazz-band viajó por Venezuela, Colombia, Panamá, Haití, Puerto Rico, México... Estuvo en distintas ocasiones en la Gran Manzana; en 1954 fue contratado por el Teatro Puerto Rico de Manhattan, donde fue homenajeado por el Club Americano. Aún se discute si es cierto que actuó en 1957 en Hollywood, acompañado por la orquesta de Luis Alcaraz durante la gala de los premios Oscar, donde participaban las más rutilantes estrellas de esa época. En 1959, le otorgaron en Nueva York el Disco de Oro por sus rotundos éxitos.

Benny compuso: «Santa Isabel de las Lajas», «El brujo de Trinidad», «Dolor carabalí», «Amor fingido», «Desdichado», «Qué bueno baila usted», «Bonito y sabroso», «El conde negro», «Mi saoco», «Mamboletas», «Qué aguante», «Rumberos de ayer», «Caricias cubanas», «Buena, bonita y barata», «Cienfuegos», «Qué cinturita», «Conocí la paz», «Dolor y perdón», «Mi amor fugaz», «De la rumba al cha cha chá», «Se te cayó el tabaco», «Mangulele» y «Ahora soy tan feliz», cuya letra dice:

*Soy tan feliz, mi vida*
*siempre que estás conmigo,*
*soy tan feliz*
*cuando te abrazas conmigo.*
*Haces de mí, mi cielo,*
*tan solo con un beso,*
*un maniquí*
*del amor y el embeleso.*
*Soy tan feliz, es egoísmo de amor*
*o tal vez sea que tengo temor*
*de separarme de ti*
*y perderte en un desliz.*
*Porque soy tan feliz, mi cielo,*
*siempre que estás conmigo,*
*soy tan feliz*
*cuando te abrazas conmigo.*

En dúos unió su voz a la de Pedro Vargas, Tony Camargo, Leo Marini, Alfredo Sadel, los hermanos Bermúdez, Lalo Montané, (dueto Fantasma), Rolando Laserie, Celeste Mendoza, Paulina Álvarez, Ñico Menbiela, Olga Guillot…

Benny fue un cantante que popularizó muchos números en las rockolas de los barrios instaladas en las bodegas o en los bares. Se hizo sentir además en el cine y apareció en varias películas *Al son del mambo, Fuego en la carne, Carita de cielo, Quinto patio, Novia a la medida, Ventarrón*; se luce en el filme *En cada puerto un amor* con su interpretación de «El timbero de Belén». En algunas de estas cintas compartió con sus compatriotas las rumberas Ninón Sevilla y Amalia Aguilar. En la primera versión de El derecho de nacer su voz en off interpreta La bayamesa, Su Banda Gigante aparece en No me olvides nunca, protagonizada por Rosita Fornés y el mexicano Luis Aguilar. Carismática figura está en los documentales Qué bueno canta usted y Con la misma pasión. Su acento se escucha en Saludos cubanos, de Agnes Varda y en off en Buscando a Chano Pozo, de Rebeca Chávez.

Con el título de uno de sus grandes *hits* «Hoy como ayer», del compositor Pedro Vega, se filmó en 1987, una coproducción del Icaic y México.

Al referirse al Benny, el compositor Harold Gramatges, apuntó:

> Voz la suya manejada con inflexiones inusitadas, que van recorriendo un registro marcado por sus necesidades expresivas –de lo agudo a lo grave, de lo grave a lo agudo–, a veces con una cierta «nasalidad» que tenía esa voz de un timbre especial. Cuerpo el suyo cimbreante, flexible, nervioso, mecido por los secretos recónditos del ritmo, donde un gesto suave o brusco, con el bastón o el sombrero, respondía exacto a una pericia musical.

Y el Benny, quien reinó en las noches del Alí Bar, el cantante que vivió a plenitud y el que nunca cuidó su salud, enfermó. Fue el 19 de febrero de 1963, que su aliento se apagó. Dolor de sus admiradores, dolor de pueblo. Su natal San José de las Lajas, a la que con tanta devoción cantó, guarda su tumba.

Y ahí está con su inseparable bastón trenzando a puro ritmo la cubanía de sus canciones, esas que siempre nos acompañarán. Sí, él es ese sinsonte que no se cansa de trinar, que viaja eterno por el horizonte de su isla.

**Notas:**

- En 1982, la Empresa de Grabaciones y Ediciones Musicales, Egrem, editó en once volúmenes la valiosa colección *Benny Moré, sonero mayor*.
- Con numerosos clásicos del lajero, Bobby Carcassés grabó *Recordando al Benny* con la Banda Gigante y la trompeta de Arturo Sandoval.
- NG La Banda le rinde homenaje al inolvidable Bárbaro del Ritmo en el disco, *Tony Calá canta a Benny Moré*, por cierto, de muy poca difusión a pesar de su calidad.

# BOLA DE NIEVE, TAN CUBANO, TAN UNIVERSAL

Ignacio Jacinto Villa, Bola de Nieve, fue un artista genial; bordaba los boleros con música dicha a corazón abierto. Su piano tenía una magia muy especial y aquel negro en flor lanzaba al aire su risa de cascabeles cuando interpretaba un personaje cómico.

En su estilo único, brilló en piezas como la titulada «Mamá Perfecta» o en ese himno de amor eterno: «La vie en rosa» que, según su máxima creadora Edith Piaf, nadie cantaba como él. ¿Quién no disfrutó con sus caracterizaciones de «Mesié Julián» negro sociar, intelectual y chic o de «Chivo que rompe tambó», en las que despliega su genuino sentido del humor?

Lo cierto es que, desde la música, Bola llegó a todos los públicos de una manera rotunda, no solo por sus interpretaciones en varios idiomas, sino porque tenía un profundo conocimiento del alma humana, que le permitía ese acercamiento, esa comunicación, tan específica. El director Pedro Almodóvar lo ha considerado como una de las voces más dramáticas del siglo XX junto a las de Chavela Vargas y La Lupe. Lo aplaudieron grandes personalidades del mundo: Pablo Neruda, Paul Robeson, Andrés Segovia, Erich Kleiber…

Nació el 11 de septiembre de 1911 en Guanabacoa. Su padre era cocinero y de su madre, aquella Inés que lo mismo entonaba una triste romanza o un rezo a Yemayá, aprendió a cantar.

Los ojos del niño se llenaban de colores cuando admiraba a Pancho, pavo real de Ochún, que orgulloso paseaba su belleza por la casa, de la cual era guardián.

Y qué decir de Mamaquica su tía abuela a la cual veneraba; sería ella quien lo alentó en el aprendizaje musical; primero, con el profesor Gerardo Guanche y, a continuación, en el Conservatorio José Mateu.

En 1927 matricula en la Escuela Normal para Maestros. Para ayudar a la economía hogareña acompaña en el teclado las películas silentes del cine Carral como se acostumbraba en aquella época. Integra la orquesta del maestro Gilberto Valdés, en el cabaret La Verbena. Muchos solistas reclamaron su presencia y, entre ellos, la soprano Zoila Gálvez.

Desde la primera vez, Rita Montaner se fascinó con este joven gordezuelo, que tantas maravillas trenzaba en el piano. Lo llevó a México para actuar en el Politeama. Una noche en que ella no pudo presentarse por estar afónica lo hizo debutar y se le ocurrió anunciarlo como Bola de Nieve, apodo con el que era conocido de chico en el barrio.

Sonó el piano e interpretó «Vito Manué, tú no sabe inglé» y el diluvio de aplausos no se hizo esperar. Ese éxito lo llevó más tarde al Lírico de México y a Estados Unidos con la Montaner y un elenco de figuras mexicanas.

De nuevo en la capital de México, se une a Ernesto Lecuona en numerosas presentaciones. Regresa a Cuba y ofrece varios recitales con el autor de «María la O». En 1936, contrato en Argentina. Participan Ernestina Lecuona, Esther Borja y Mapy Cortés y son aclamados en el teatro y la radio. Filman *Adiós, Buenos Aires*.

En su patria, Bola viaja a Matanzas donde ofrece un recital en el Liceo Artístico y Literario.

Lo invitan a una gira por Estados Unidos. Se presenta en el café Society de Filadelfia, donde alterna con el célebre bajo norteamericano Paul Robeson, quien se convierte en su ferviente admirador: «Ningún cantante me había conmovido tanto como usted, Bola de Nieve, esta noche».

Cuando le preguntaron al cubano cuál había sido el momento de mayor emoción en su vida profesional no dudó en decir: «Fue en 1948. Di un recital en el Carnegie Hall neoyorquino y, al final, salí nueve veces a saludar».

Numerosos países del globo conocieron de este artista que el gran poeta español Rafael Alberti calificó como "un García Lorca negro".

De aquello viajes guardó como tesoro muchas anécdotas, le contó a un periodista una, muy pintoresca: «Yo antes pesaba cien kilos,

69

aunque ahora estoy casi flaco con mis ochenta. Cuando llegaba a cualquier ciudad de cualquier país examinaban mi corpulencia y mi color y me preguntaban inevitablemente: Señor, ¿Contra quién va a boxear?».

Por los años cincuenta tuvo en CMQ radio el programa estelar *Gran Show de Bola de Nieve*. Más tarde participó en la producción musical *Danzón, del cabaret Montmartre*, con Rita Montaner, la pareja de bailes Elpidio y Margot y el Ballet de Alberto Alonso.

Se presentó en el Salón de las Américas de la Unión Panamericana en Washington, y además en París, Niza, Roma, Venecia, Milán, y otras ciudades. En México, actuó en el restaurante Cardini Internacional y constituyó un suceso artístico.

En la década del sesenta, otra triunfal gira: Checoslovaquia, República Popular China y la Unión Soviética, donde fue muy aplaudido en la famosa Sala Chaikovski.

No fue ajeno al cine y apareció en las películas argentinas: *Melodías de América*, dirigida por Eduardo Morera, y *Embrujo*, de Enrique Susini. En México, en los filmes: *Madre querida*, de Juan Orol; *Una mujer en la calle*, de Alfredo B. Cravenna; *Kid Tabaco*, de Zacarías Gómez Urquiza. Para la cinematografía cubana intervino en *El romance del palmar*, *Sucedió en La Habana* y en *Una aventura peligrosa*, todas de Ramón Peón; además, en *Nosotros, la música*, de Rogelio París, y en el dibujo animado *Viva papi*, de Juan Padrón.

Como homenaje al inolvidable cantante, la desaparecida cineasta Mayra Vilasis, rodó *Yo soy la canción que canto* y el argentino Alberto Ponce realizó el documental de ficción *Vete de mí*, título de la canción de los Hermanos Expósito, de la que Bola hizo una creación.

Este hombre de tanto hechizo tuvo su refugio en el club Monseñor, en el Vedado, convertido más tarde en Chez Bola, donde cada noche tocaba el piano, cantaba y dialogaba con un público devoto de su inmenso arte. A su autoría se deben memorables canciones: «Arroyito de mi casa», «Si me pudieras querer», «No dejes que te olvide», «Drumi Mobila», «Mamá Perfecta», «Por qué me la dejaste querer», «Ay, venga paloma, venga», «Becqueriana», «Déjame recordar». Su voz en *off* se escucha en los filmes españoles: *Las secretas intenciones de Eceiza* y *La ley del deseo*, de Pedro Almodóvar. Una de sus páginas más hondamente sentidas es *¡Ay, amor!*, que un fervoroso Almodóvar utilizó en su película *La flor de mi secreto*.

*Amor, yo sé que quieres llevarte mi ilusión;*
*Amor, yo sé que puedes también llevarte mi alma.*
*Pero, ay, amor, si te llevas mi alma,*
  *Llévate de mí también el dolor;*
  *Lleva en ti todo mi desconsuelo*
  *Y también mi canción de sufrir.*
  *Ay, amor, si me dejas la vida,*
  *Déjame también el alma sentir;*
  *Si solo queda en mi dolor y vida,*
  *Ay, amor, no me dejes vivir.*

Su última presentación fue el 20 de agosto de 1971, en el Amadeo Roldán, en un emocionado homenaje a su amiga Rita Montaner y en la TV, sería en el programa *Álbum de Cuba*, que animaba la cantante Esther Borja.

Para nuevas actuaciones, viajó a Ciudad de México, donde lo sorprendió la muerte el 2 de octubre de 1971. Su cadáver fue trasladado a Cuba, donde se realizó el sepelio y su pueblo le tributó emotivos honores.

# LA LUPE, CREADORA DEL ARTE DEL FRENESÍ

Así la calificó el novelista norteamericano Ernest Hemingway, radicado en La Habana, cuando por primera vez la vio cantando. Pablo Picasso no tardó en conceptuarla como «genio» mientras el filósofo francés Jean Paul Sartre la llamó «animal musical». Lo real es que esta cubana sin nunca proponérselo ha llegado a ser uno de los grandes mitos de la música, reverenciada, principalmente en Estados Unidos y España.

Su voz era deleite para los amantes que se daban cita en el Club La Red, bajo la complicidad de la noche. En aquel paraíso lleno de noctámbulos, de enamorados en su primer abrazo de amor o quizás de pasiones culpables. La Lupe señoreó con su personalidad desbordada, vital, única. Era la preferida de muchos, aunque también suscitó ácidas críticas de quienes no apoyaban su manera de proyectarse. Ella se sentía dueña de una verdad; por eso, desplegó su arte de una manera tan original que a nadie dejaba impasible. Y se insertó en la vida artística con el vehemente deseo de estremecer a todos con su acento cálido, expresión de su total entrega.

Una crónica del periodista R. Casalins, titulada La Lupe, aparecida en el periódico *Revolución*, el 4 de julio de 1960, la retrata:

> En La Habana, en un pequeño cabaret de la calle 19, a la luz de un pequeño receptor, una mulata santiaguera se quita los zapatos, se pega a la pared como una hiedra, agita las manos como una posesa y empieza a gemir, a gritar, a imprecar, a literalmente desbaratarse en el éxtasis de una canción: es la Lupe (…) ha nacido quizás la estrella más personal, más original, más brillante que hemos tenido en mucho tiempo.

La Yi Yi Yi, como además se le conoció se nombraba realmente Guadalupe Victoria Yoly Raymond y nació el 23 de diciembre de

1936, en Santiago de Cuba. A los 18 años se presentó en un programa de aficionados y obtuvo el primer premio. Estudió magisterio, sobre todo, porque su padre, obrero de la empresa Bacardí, le exigió un título. Cuando la familia se estableció en La Habana se dedicó al canto. Profesionalmente, comenzó con el Trío Tropicuba en el club El Roco, en el Vedado, que dirigía su esposo Yoyo Reyes.

Al separarse de esa agrupación, la santiaguera inicia una carrera en solitario en La Red; pronto conquistaría un público fiel, que disfrutaba a más no poder sus interpretaciones. Sensual, violenta, La Lupe lo mismo usaba un gran despliegue de gestos en los que podía temblar o golpearse el pecho. Hizo las primeras grabaciones para la firma Discuba con el sugerente título de *Con el diablo en el cuerpo*, calipso–rock del maestro Julio Gutiérrez.

Partió de Cuba a fines del 1961. Viajó a México y al año siguiente a Nueva York; en Manhattan, empieza a cantar en el popular cabaret La Barraca. Su compatriota el tamborero Mongo Santamaría la descubre y graban varios discos entre ellos Mongo introduce a La Lupe con números clásicos como «Montuneando», «Canta bajo» y «Besitos para ti»; juntos se presentaron en el Club Tritón, el Palladium y, en el Apolo Theatre.

Luego se une al reconocido tim-
balero Tito Puente, quien la hizo
brillar en los escenarios más ex-
clusivos como el Carnegie Hall.
De esa etapa floreciente son
las memorables placas *La
Lupe canta con el maestro
Tito Puente. Homenaje
a Rafael Hernández,
Tito Puente Swings* y
*The Exciting La Lupe
Swings*, del que se
vendieron 500 mil
copias. Un exitazo.

El carácter explosivo de la cantante hizo naufragar aquella fructífera unión.

Y claro que para la ganadora de más de una veintena de discos de oro llegó también la fortuna. Pagó una astronómica suma por la casa que perteneció a Rodolfo Valentino, el *latin lover* del cine mudo, compró costosas joyas, pieles, autos... pero la alegría no duró mucho, pues paladeó lo amargo de una mala etapa y La Lupe se vio un día sin un centavo en la cartera, ¿Dónde había ido a parar todo aquel dinero que le producían sus actuaciones y discos? Son varias las versiones: desde que lo gastó en cuestiones de santería hasta que lo perdió costeando la enfermedad de su esposo que falleció años después. Realmente, la cantante sentía en esos momentos que había perdido el rumbo, pero, aún con nuevos bríos viajó a Venezuela, donde era muy conocida por sus giras anteriores y triunfó.

Volvió a Nueva York, donde tuvo un nuevo fracaso. Sucedió que la contrataron para interpretar en Broadway la obra *Dos caballeros de Verona* junto al afamado actor puertorriqueño Julián Juliá: una de las noches de la representación la piedra de Changó que llevaba oculta en un turbante cayó estrepitosamente al suelo; la echaron sin miramientos acusándola de que practicaba la magia negra, según contara la propia artista.

A pesar de los sinsabores, la gloria de la Lupe no se había apagado y resurgió al grabar «La Tirana» del cronista puertorriqueño Tito Curet, quien luego le entregó los boleros «Puro teatro» y «Carcajada final». El compositor puertorriqueño confesó que fue la visceral artista quien le abrió las puertas de la fama, pues es a partir de que la conocida Reina del Soul empezó a interpretar sus canciones que él conquista la popularidad.

Cuando se reponía de sus desgracias se le quemó el apartamento con todos los bienes que tenía y, más tarde, la inutilizó un accidente casero en el que se lesionó la columna vertebral. Mucho tiempo estuvo enferma y sin recursos hasta que luego de una operación quirúrgica se recuperó; sin embargo, ya nada resultó igual. En sus últimos años se dedicó a cantar himnos religiosos, que aparecen en el disco *La Samaritana*.

Todo tiene un comienzo y un final, el de La Lupe concluyó el 28 de febrero de 1992, en el Centro Médico Lincoln, en Nueva York, donde falleció. Tenía cincuenta y cinco años de edad. Pedro

Almodóvar, el director manchego usó la pieza «Puro teatro» por ella recreada en el filme *Mujeres al borde de un ataque de nervios*.

Lo cierto es que la cubana es hoy un auténtico mito; en Nueva York, una calle lleva su nombre, se han seguido reeditando sus discos como *Laberinto de pasiones, La Lupe al borde de un ataque de nervios* y *La ley del deseo*, este último con veinte temas inéditos. Los escritores siguen su huella. Sobre ella, escribió Roberto Pérez León: *La Lupe delirio cubano; Desmitificación de una diva: la verdad sobre La Lupe*, Juan Moreno; *La Lupe resurrección de una cantante de soul*, Mireya Navarro y *La Lupe reina poseída*, de Israel Matos y es personaje en la novela *La isla de los amores infinitos,* de Daina Chaviano y en *Con el diablo en el cuerpo*, de Rafael Darío Durán; *La Lupe, la leyenda*, de Carmen Mirabal y en *Tanto tiempo sin La Lupe*, de Juan Carlos Rueda. Desde la ficción, se rodó la película *La mala*, protagonizada por la actriz, cantante y compositora, Lena, nieta de Elena Burke. La Lupe con su interpretación de «Qué te pedí», de Fernando Mulens, está en la cinta *Nada*, de Juan Carlos Cremata. Vive en interesantes documentales como *La Lupe, Queen of latin soul*, de Ela Troyano y en *This is my life*, del realizador Lázaro Caballero, con esclarecedores testimonios de su hermana Norma (hoy, fallecida) y de quienes la conocieron en Cuba. En Miami, la cantante y autora Aimé Nuviola escenificó la obra de teatro *La Lupe en tres tiempos*. En Cuba, sirvió de inspiración a Roberto Pérez León para su monólogo *La carcajada final*.

El reciente fonograma *Soy puro teatro*, de la venezolana Mariaca Semprúm, es un sentido tributo a la cantante cubana y resultó nominado a los Grammy Latinos 2020.

Voz que se hizo grito y susurro, indómita rebeldía o dolorosa queja, de La Lupe, sacerdotisa del amor, aún se siguen tejiendo y destejiendo historias.

# FREDDY, MÁS ALLÁ DEL MITO

U n cuerpo oceánico en balanceo y una voz irrepetible que cantaba a las pasiones rotas; era como si el dolor se prendiera a su vestido de brillantes lentejuelas. Freddy estaba en la pista y los ojos de los parroquianos no podían dejar de seguirla, de vibrar en la emoción de ese timbre subyugante, intenso, de sonoridades subterráneas.

Fredesvinda García Valdés se dice que había nacido en 1933 en el pueblo de Céspedes, en Camagüey; pero ni esos datos son precisos para biografar a esta mujer que envolvió su vida en un insondable misterio. Cercana y distante a la vez, Freddy como todos la conocían, es hoy uno de los grandes mitos de nuestra música.

Viajó a La Habana con sus 305 libras y una maletica de madera, con algunos objetos personales. De la estación de trenes fue directamente a pasear por el Prado, un fotógrafo ambulante le hizo una foto en el mismísimo Capitolio, luego su mirada de asombro se paseó ante cada vidriera de las exclusivas tiendas de Galiano para admirar a los maniquíes y, al final, exhausta de aquella jornada agotadora se instaló en un pequeño cuarto que alquilaban.

Mañana será otro día, se dijo pensando que debía buscar trabajo. Y sí lo encontró mediante los clasificados del periódico *El País*. Se necesita cocinera que... Y allá fue. La familia se llamaba Bengochea y muy pronto en la casa todos disfrutaban de aquella sazón tan especial con la que Freddy condimentaba cada plato. «¡Son exquisiteces!», exclamaba feliz la dueña de la casa...

Aquellos halagos poco importaban a Freddy, quien se sentía insatisfecha porque no había cumplido el objetivo de su viaje: convertirse en una gran estrella de la canción.

Invitada por el actor Augusto Borges y su amigo Pepe Ramírez, Freddy vivió durante un tiempo en la casa de estos artistas y se cuenta que dormía hasta tarde y luego de ducharse se paseaba desnuda por la residencia como si tal cosa. En realidad, era impredecible en algunas cuestiones de la cotidianidad.

Entonces le hablaron del Bar Celeste, en Humboldt e Infanta, sitio de reunión de artistas de la farándula.

Al principio un poco temerosa, empezó a cantar ante una concurrencia que la miraba admirada: nadie como ella para decir aquellos bolerones cargados de historias de amor. Los interpretaba con esa pena fiera que se clava en el alma porque quizás cantaba a su propio dolor.

Las peticiones crecían desde las mesas del bar: «Freddy, por favor Noche de ronda» o «Freddy, no te olvides de mí preferida: Debí llorar»... y así se multiplicaban los reclamos. A todos trataba de complacer con una vaga sonrisa. Luego, acodada en el mostrador del bar, aceptaba las distintas invitaciones; a veces, la invitaban a que tomara una cerveza o le regalaban una cajetilla de sus cigarros preferidos.

El nombre de Freddy comenzó a sonar en la bohemia habanera: «Chico, si quieres oír buena música vete al Celeste; allí hay una gorda especial, que jazzea maravillosamente; es una Ella Fitzgerald del trópico».

El famoso Palmita, director de la revista *Show*, escribió un encomiástico artículo sobre ella y pronto la curiosidad por conocer a esta singular mujer despertó en algunos.

Marta Valdés, la notable compositora de canciones antológicas, contó:

—Freddy siempre fue leyenda. Cantaba lindo por la noche mientras se fumaba un cigarro mentolado y se tomaba un traguito. Ella cantaba y se hacía los contrapuntos orquestales en los silencios de la canción como en un arreglo imaginado para su versión propia. Yo me daba el gusto de buscarla para escuchar cómo cantaba mi bolero «No te empeñes más». Luego me sorprendió cuando grabó «Tengo». He oído mencionarla como Fredesvinda, pero ella me dijo que se llamaba Fredelina. Yo la buscaba en un bar ya desaparecido en Infanta, llegando a

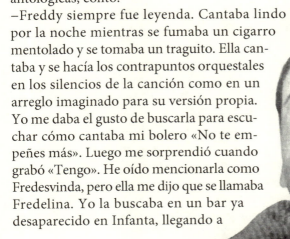

Humboldt, donde hay un cuchillo, y cuando llevaba gente para que la escucharan, nos trasladábamos todos a otro que tenía reservados, cruzando Humboldt.

—Una vez los vecinos del primero de estos bares comenzaron a mandarla a callar y ella cruzó la calle y se puso a cantar debajo de un farol, en un poste y fue algo inolvidable. Le hablé de ella al guitarrista Pablo Cano y él consiguió que la escucharan en el Casino del Habana Hilton y nos montamos con ella en un VW que él tenía y con mucho trabajo se consiguió subirla al pequeño escenario detrás de la barra, donde cantó a capella y consiguió eliminar todos los ruidos de aquel casino que era un hervidero. No le dieron trabajo, pero fue algo grande. También se la llevé a Bebo Valdés al ensayo de su orquesta en Radio Progreso. Finalmente, comenzó el capítulo de su historia en el Capri y recuerdo cuando Humberto Suárez me pidió la canción para el disco.

—Ella se fue a México en un espectáculo donde el director era mi admirado y querido amigo, el compositor Julio Gutiérrez, quien me escribió desde allá el 19 de febrero de 1961 y me dijo: «Esta semana pienso grabar un LP con Freddy y vamos a grabar "Tú no sospechas", que a ella y a mí nos gusta mucho». Nada más supe de Freddy, si grabó o no ese disco, y sí me llegó la triste noticia, años después, de que había fallecido.

Hasta el modisto Anido que ahora preparaba una producción para el Capri llegaron las excelencias de Freddy y después de oírla fascinado por el timbre de La Gorda la incluyó en el espectáculo *Pimienta y sal*, donde también estaban en la cartelera Isidro Cámara, Raquel Mata y el Cuarteto Faxas, entre otros. Freddy se convirtió en la máxima atracción del gustado show. Volvió al Capri otra vez de la mano de Anido para el espectáculo *Ajiaco a la francesa*.

Trabajó en varios clubes habaneros como en Las Vegas, donde la conoció el escritor Guillermo Cabrera Infante, quien nunca la olvidó y la hizo personaje de su novela *Ella cantaba boleros*.

De las muchas anécdotas que acerca a de su vida, se cuenta que Freddy estuvo en varios programas estelares de la TV como *Jueves de Partagás,* que fue un recuerdo muy vivo para ella; en ese espacio alternó con Benny Moré; siempre comentaba emocionada que había sido uno de los momentos más felices de su carrera por los elogios que le prodigó El Bárbaro del Ritmo.

Por esa etapa grabó su primer disco de larga duración para la firma Puchito, editado en 1960, reúne un puñado de excelentes obras en versiones muy personales: «Noche de ronda», de Agustín Lara y «El hombre que yo amé», de George Gershwin, «La cita», Gabriel Ruiz; «Noche y día», «Bésame mucho», Consuelo Velázquez; «Tengo», Marta Valdés; «Debí llorar», Piloto y Vera; «Gracias mi amor», Jesús Faneity; «Tengo que decirte», Rafael Pedraza; «Vivamos hoy», Wilfredo Riquelme y «Sombras y más sombras», dedicado a la cantante por Humberto Suárez, quien hizo los arreglos musicales y tuvo a su cargo la dirección orquestal. La excelente placa incluye también la canción «Freddy», que la autora Ela O'Farrill escribiera especialmente para su compatriota.

> *Soy una mujer que canta*
> *Para mitigar las penas*
> *De las horas vividas y perdidas,*
> *Me queda solo esto:*
> *Decirle a la noche*
> *Todo lo que siento*
> *Cantando canciones*
> *Despierto ilusiones*
> *Dormidas en mí.*
> *Muchos me vieron,*
> *Caminando a solas*
> *Bajo las luces*
> *Desiertas y azules de mi soledad*
> *¿Qué fue mi vida desde siempre?*
> *Solo trabajo y miserias*
> *Por eso canto a las estrellas*
> *Y quizás me oyó hasta Dios.*
> *Soy una mujer que canta*
> *Para mitigar las penas*
> *No era nada ni nadie*
> *Y ahora dicen que soy una estrella*
> *Que me convertí en una de ellas*
> *Para brillar en la eterna noche...*

Freddy viajó a Venezuela y, luego, a México con una compañía que organizara Roderico Neyra, Rodney; hubo dificultades con el sindicato de artistas y el coreógrafo canceló la gira... Artistas del elenco se trasladaron a Tampa. La cantante viajaría a Puerto Rico, donde actuó en varios bares y, entre ellos, El Ocho Puertas. También se presentó en la TV de San Juan. Cuando estaba deseosa de nuevos triunfos le llegó sorpresivamente la muerte. Era el 31 de julio de 1961 y solo tenía veintiseis años.

De sus relaciones amorosas poco se sabe, aunque alguna vez se comentó que las tuvo con un cocinero que trabajaba en los puestos de fritangas en la Playa de Marianao.

Todos convenían que era una mujer misteriosa de cuya historia hay capítulos aún desconocidos; las opiniones de quienes la conocieron personalmente no convergen; por eso, pienso que guardó muchos secretos en el silencio de su tumba.

Desde la ficción es personaje en *Tres tristes tigres*, novela de Guillermo Cabrera Infante, quien la conoció personalmente y en *Ella cantaba boleros* del mismo autor.

# XIOMARA LAUGART, CUAL FLOR SILVESTRE

Siempre la admiré por su voz como de flauta fugándose en la primavera, que le ha permitido armar un respetable repertorio de notables autores, principalmente, cubanos.

Ella tiene el asombro de los luceros y es como esas flores silvestres que se dan libremente al sol y a la vida. El mayor gozo de la Laugar está en la música, en los sonidos que la coronan de alegrías.

—Creo que desde que estaba en el vientre de mi madre ya cantaba: es algo natural que me ha acompañado siempre. Tal vez, ese don sea un regalo, el mejor de todos.

En nuestra conversación la artista descifra el tiempo de su infancia:

—Miro hacia atrás y me veo como la niña más loca del mundo; un pajarito dando vueltas por aquí y por allá, muy traviesa; aunque, déjame decirte que mis padres no me permitían malcriadeces.

—Lo del canto empezó en la primaria; allí me descubrieron. Me paraban en un banquito y yo a cantar y a cantar. Al principio, para mi familia aquello era una gracia; después con los años, ya no lo tomaron así, y al terminar el Pre querían que estudiara en la Universidad; pensaban que un título de ese nivel era la mejor manera de resolver el problema económico. En Secundaria, me ponía frente al espejo y usaba una soga, como si fuera un micrófono, y a tararear todo lo que estaba de moda. Mi mamá se asomaba al cuarto y me decía: «Xiomara, ¿hasta cuándo?».

—A los trece o catorce años me enamoré perdidamente de Noel Nicola, por entonces no pensé que algún día lo iba a conocer y hasta que seríamos grandes amigos. Cuando en la radio ponían una canción de él, yo me sentaba a oírlo como arrobada. Pero, volviendo a la secundaria, allí empecé a cantar en los Festivales de la FEEM. Fue por esa época que conocí a Donato Poveda y a Alberto Tosca y nos reuníamos en el Parque Almendares con otros músicos y trovábamos de lo lindo. Yo tenía montada «Alfonsina y el mar» y algunas cosas de Mercedes Sosa; me interesaba mucho lo latinoamericano, tanto en lo social como en lo más intimista.

Dicen que el que comienza lo hace imitando a otros, tiene un patrón, y el de Xiomara Laugart fue primero, Omara Portuondo y, luego, Sara González. Lo más simpático es que la joven estuvo mucho tiempo cantando a capella, pues le era muy difícil con el acompañamiento de la guitarra.

Un día la embullaron para que se evaluara como intérprete de la Nueva Trova: se decidió y la aceptaron. Al poco tiempo se unió en lo artístico y personal a Alberto Tosca y juntos participaron en numerosos recitales y en el programa de la TV *Te doy una canción*. Más tarde se fueron a la Isla de la Juventud para trabajar con el grupo Pinos Nuevos, en una interesante experiencia teatral, y en el colectivo infantil La toronjita dorada.

De su vida también me confesó:

—A mí me motivaban las canciones infantiles. Fíjate si es así, que cuando estaba embarazada me encontré en una actividad con Teresita Fernández. Ella me dijo con mucha terneza «¡Ahora, voy a cantar para que tu hijo se duerma tranquilo!». Luego, se quedó muy azorada, pues yo la acompañé en todos los números; con esa música yo empecé.

—Soy una gente silvestre, me gusta todo lo sencillo. En mis ratos de tranquilidad juego al fútbol con mi hijo Axel, que ya tiene tres años. También me gusta meterme en la cocina; no para guisar, sino para hacer dulces, desde flanes hasta arroz con leche.

En una segunda entrevista aparecida en la revista *Muchacha*, febrero y marzo del 91, volvimos a conversar informalmente. Ese día llegó con su cabello trenzado, sus párpados de concha negra. Vestida toda de blanco y con tenis de pepilla en onda, se dispuso al diálogo:

—Tengo un puñado de noticias; ya preparo mi segundo LD con la Egrem, mi peña en la Casa de la Comedia, en la que me acompaña

Talla Extra y siempre tendré invitados. Del disco se hizo una cuidadosa selección de los números más pegaron como «Fe», «Sembrando para ti», que pertenecen a la primera etapa, y los más nuevos «Eres nada», de Gerardo Alfonso, «Un buen bolero», de Ireno García y, por supuesto «Qué manera, de quererte», de Luis Ríos, que ya es como mi carta de presentación.

*¿Y del fonograma que ibas a grabar con Sara González?*
—Ese proyecto que tanto nos entusiasmó está en el aire; las dos tenemos mucho trabajo y nos ha sido difícil coincidir, así que por ahora no habrá Café con leche.

*Otra cuestión: ¿Hasta qué punto ha sido para ti efectivo el apoyo de Talla Extra?*
—Ellos le han dado un nuevo aliento a mi música. Son divinos y mi relación con ellos, magnífica; cuando empiezan no tienen para cuando acabar, porque disfrutan lo que hacen y eso posibilita una entrega total. Sosa, el pianista, me los trajo uno a uno cuando iba a grabar mi primera placa; hoy somos uno.

No deja de expresar su opinión sobre la obra de Gerardo Alfonso y Raúl Torres.

—Entre los jóvenes, para mí, son de los más prometedores. Hay mucha poesía en «Eres nada», de Gerardo y en «Se fue», de Raúl Torres, son canciones que me llegan al alma y eso trato de dárselo al público, tal como lo siento. La oímos.

*Se fue, y no se llevó mis besos*
*y estas son las santas horas que no sé*
*por los aires que voló.*
*No está, no está*
*y no queda ni su ausencia*
*se escurrió como la lluvia que mojó*
*este llanto tan eterno.*
*Mire usted como he tenido*
*que echarle de menos.*
*Siempre fue un tanto fiel*
*y y otro más de cruel*
*era mi más sana mujer.*
*Que haré, si en fin*
*cuando parte no regresa.*

*Seguiré amándola así sin recordar*
*cómo ayer pudo volar.*
*No está, se fue*
*sin abrigar despedidas*
*y la palabra volver ya se esfumó*
*cual si fuera esta canción.*

Por último, hablamos de su interés por el cine:
—Hay que ser actriz para interpretar una canción; yo siento que esa cuerda dramática la puedo explotar también en un teatro o en el cine; es un caudal expresivo que está algo dormido. Los personajes me atraen; esa forma de ser otra sin dejar de ser una es fascinante. ¿Quién se embulla?

## Al pasar de los años

Guantanamera, nacida en 1960, Xiomara de la Caridad realizó estudios en la Escuela de Superación Profesional Ignacio Cervantes y en el Centro Rafael Somavilla.

Durante un tiempo integró el grupo Aconcagua y Talla Extra (XL) En 1980, ganó el tercer lugar en interpretación en el Concurso *Adolfo Guzmán*, donde cantó «Canción a un viejo trovador», que fue popularizada como Paria. Obtuvo premio en el Festival de la Canción Política en Berlín. La cubana fue la más popular entre los cuarenta y tres dúos, solistas y grupos que participaron en el reñido certamen, a lo que hay que agregar que, en solo tres días, le hicieron numerosas entrevistas. Además de los muchos elogios que recibió de los más importantes rotativos que destacaron su calidad vocal e interpretativa. Como representante del Movimiento de la Nueva Trova realizó giras por URSS, donde en Sochi también obtuvo un importante premio en interpretación. En 1982, actuó en el Café Concert de México. Las presentaciones internacionales la llevaron a Bélgica, Francia, Polonia, Finlandia, Honduras, Costa Rica...

Diez años después la encontramos en Nueva York, donde mediante Kip Hanrahan grabó varios discos como *Depp Rumba* de ese mismo productor. Además, los titulados *Latin Lullaby* por Elipsis arte y *Lo que es*, de Jacky Terrason, que Blue Note, lanzó.

Se unió al grupo original Yerba Buena, en el que estaban los cubanos Ahmed Barroso y Descemer Bueno. Fue un momento muy creativo en el que cada cual dejó su impronta. En relación a esta agrupación que marcó su trabajo musical, ha dicho:

> (…) esta etapa fue para todo el mundo en ese grupo de aprendizaje porque todos brindamos nuestro propio trabajo y lo unimos, eso era lo interesante de Yerba Buena, que cada uno tenía su propia personalidad, su propio estilo y su propia carrera ya formada y decidimos acoplarnos para hacer este trabajo. De esa fusión surgió el grupo con sus mezclas de música latina con raíces africanas, rumba cubana, cumbia colombiana, panacaribeña, hip hop, motown soul, afrobeat nigeriano y hasta una pizca de temas y sonidos de Medio Oriente. Era un conjunto multicultural de músicos extraordinarios que retomaba los nuevos sonidos que están apareciendo en las calles de la ciudad de Nueva York…

Como resultado de esa gratificante experiencia surgió el álbum *President Alien*, nominado al Grammy 2001 y posteriormente *Islan life*, de 2005. La discografía de La Negra suma ya una veintena de discos entre los que sobresalen *La voz*, placa grabada por Chezky Record, por igual nominada a un Grammy. Otro disco en solitario muy significativo fue *Lágrimas y Rumba*, de 2015, con música de varios autores como Miguel Matamoros y María Teresa Vera.

Al retomar su camino como solista, conquistó a los parroquianos del Zinc Bar, del Greenvillage, sitio de reunión de notables artistas.

Xiomara fue la estrella de la producción que Broadway presentara como homenaje a Celia Cruz, donde cantó conocidos números del repertorio de la fabulosa cantante. Todo un reto que La Negra aceptó y del que saldría airosa con críticas muy encomiásticas.

Regresaría a Cuba en el 2012 en un emotivo encuentro con su público. Volvió a la isla dos años después, esta vez con un concierto en la Sala Che Guevara de la Casa de las Américas acompañada por su hijo, el pianista Axel y con invitados muy especiales como Pablo Milanés, quien le propició su primer viaje a España. La voz de Xiomara se escuchó, además, en el Festival de Jazz Plaza.

En 2020, en ocasión del 8 de septiembre, Día de la Patrona de Cuba, Xiomara hizo una emotiva interpretación de «Fe», en el Santuario del Cobre, en Santiago de Cuba, trasmitida a toda la isla por la TV cubana.

*Xiomara Laugart y Alberto Tosca*

# IVETTE CEPEDA. ESTACIONES DE UNA VIDA

Ivette Cepeda es una mujer de encantamientos. ¿A qué generación pertenece la singular cantante? No importa, ha logrado trascender, llenar los silencios de la noche, llegar a jóvenes y adultos.

La Cepeda, como sus seguidores gustan llamarla, es toda una revelación en el panorama de la canción. Está su hermosa voz, de tanto disfrute, y esa manera tan suya de interpretar la canción, de «actuarla». Lo cierto es que emociona con sus historias y nos hace parte de ellas como si fuéramos los propios protagonistas. De desconocida, hoy tiene un público que la mima y al que ella se entrega. Tal vez, en la forma de darse radica su éxito. En ese afán de plenitud, que busca afinidades en los autores o autoras, logra expresar los claroscuros de la vida y, en especial, las emotivas situaciones de quienes aman.

Estudiosa de las poéticas; escudriña, desentraña y ese sentido de búsquedas y hallazgos le dan a su trabajo una dimensión, otra. Refinada, sin falsos rebuscamientos, en la medida justa, deslumbra y cautiva.

Desde que sale al escenario establece esa impresionante complicidad con el público; comunicación que ganó a partir de presentaciones en varios centros nocturnos como los hoteles Tritón, Neptuno y, ahora, en el Telégrafo, de La Habana.

Su voz nos invita a saborear canciones de compositores como Tony Pinelli en «Tú eres la música que tengo que cantar»; Marta Valdés con «Sin ir más lejos»; la del Amaury Pérez de «Cuando me vaya» o a un Orlando Vistel en una melodía muy bien labrada, «Si yo hubiera sabido». Todo ese tesoro está en su DVD *Estaciones*, en el que también abarca temas de dos de sus preferidos: Sabina y Serrat.

Su concierto en 2008 fue elocuente prueba de rigurosidad: propuestas interpretativas de excelente resultado, cantó y deleitó con «El sol no da de beber», de Silvio Rodríguez; «Verano», Benito de la Fuente; «Regrésamelo todo», Raúl Torres; «Ay, del amor», Mike Porcel; «Ausencias», de Liuba María Hevia...

## Una manera de ser y sentir

*—¿Qué importancia tuvo Cachao en tu carrera?:*
—Al no tener una preparación académica en la música (hoy de veras lo lamento), me formé en la práctica. Mi primer gran maestro fue el músico Orlando López Cachao ¿Sabes? Nunca me dio indicación alguna, no era su estilo. La primera vez que lo vi fue para audicionarme en su casa. Me esperaban El Guajiro, Ricardo Batista y El Raspa, Eugenio Rodríguez. Empezamos a tocar temas de todos los géneros, de todas las épocas. Al final, eran las once de la noche; llevábamos diez horas tocando y Cachao me preguntó; «¿Muchachita, ¿cómo tú te llamas?» Así que Isbe... (Jamás pronunció bien mi nombre), Empezamos mañana.
—Nunca más ensayamos; tocábamos todos los días; Si le gustaba decía «ahí es donde está el billete». Si me quedaba flojón, lo oía: «Vamos a ver si apretamos ahora». Era como si pensara en voz alta. No me dejó «creerme cosas». A mí, particularmente, me quedaba siempre el deseo de oír mucha música y ser mejor. ¿Quieres mejor maestro?

*—Ejerciste el magisterio, ¿qué le aportó a tu carrera como intérprete?*
—En mi abuela materna, Guadalupe Pérez Silva, tuve el ejemplo más bello de lo que un maestro o maestra podría hacer... algo así como un dios en la vida de un niño. Yo me hice maestra. Así devolví al mundo el regalo de haber tenido la abuela maravillosa que tuve... toda la fuerza, la dedicación, la ternura y todo lo mejor de mi lo entregué en las aulas donde fui maestra por más de doce años.
A su vez, esta profesión fue la que me permitió prepararme para convertirme en artista. Lo fundamental: dejar claro a cada instante

que soy honesta y sincera en cada palabra, cada gesto, y que esto es lo más importante para mí; no es solo dar mi voz, es dar el alma, mi vida entera.

—*¿Qué canciones salvarías del olvido?*
—Como cantante hago muchas versiones. Es cruel que las canciones grandes pasen al olvido. No me permito tener miedo ni prejuicios para elegirlas y si tuviera que rescatar algunas del olvido, seleccionaría «Mariposita de primavera» de Matamoros, «Ángel para un final», de Silvio; «Que me tienda la mano al pasar», de Pablo; todas las de Raúl Torres, las de Pedro Luis Ferrer. Las canciones son también la historia de un país.

—*¿Grandes emociones?*
—Mi primer concierto lo conocen como *Estaciones*. Se grabó y se filmó. Era la primera vez que me paraba en un teatro y mi madre estaba allí, y alcanzó a verlo.
—Otro gran momento: cuando con una delegación canté en Ucrania en el 2005. No hubo una noche en que no muriera de llanto haciendo «La Guantanamera» para 20 mil personas… en más de veinte ciudades, todo el público con lágrimas y cantando, aplaudiendo a los artistas del país que acogió con tanto amor a los enfermos de la catástrofe de Chernóbil.
—Trabajo para afirmar mi propuesta musical junto al grupo Reflexión y su director José Luis Beltrán. A veces me siento como una adolescente y no dejo de experimentar, de jugar con la música y las palabras. Hoy con ellos entiendo mejor lo que canto y me siento más segura, y sé dónde voy. Quiero cantar lo mejor de este tiempo y defenderlo como si fuera esa la razón por la que vine al mundo y por la que tenga que morir; así de hondo es mi respeto por el arte y la gente.

Ivette grabó su disco *País* con arreglos de Jorge Luis Galarza y José Luis Beltrán. El título parte de un poema homónimo de la argentina María Luisa Ribas y música de Adiane Perera. Incluye temas con «Alcé mi voz», «Luna de papel», «Ausencias», «Sensaciones», «Esta caída…»

Inolvidable para ella fue su viaje en 2011 a Francia. Realizó un concierto muy aplaudido en el teatro del Centro de las Artes de la comuna francesa de Enghien–les –Bains, en París, del que resultó el DVD *Una cubana en París*.

Su más reciente disco *La Rosa de Jericó* obtuvo premio en el Cubadisco 2022.

# UNA LUNA QUE ILUMINA LA MÚSICA. MANZANARES

Su capacidad emotiva para interpretar nuestra cancionística, la sugerente adaptación de sus cualidades vocales al jazz o su paseo por el horizonte creativo de los Beatles hacen de Luna Manzanares una cantante muy especial. Ella pertenece a la nueva generación de artistas virtuosos que marcan con su estética el panorama musical insular.

La joven ha probado sus armas como actriz y muy aplaudida ha sido su actuación en el espectáculo musical *Carmen la cubana*, no solo en Cuba sino en países europeos. Se trata de una adaptación del teatrista y poeta Norge Espinosa, a partir de la ópera de Bizet y el relato de Prospero Merimé, del cual hay numerosas versiones.

Ambientada a finales de los años cincuenta, Luna personifica a una obrera de una fábrica de tabacos en Guantánamo, Oriente; por ella se enfrentarán su novio José (Joel Prieto) un soldado de Batista y El Niño, boxeador interpretado por el músico cubano Joaquín García, quien logra el amor de Carmen, cuyo destino trágico al final se cumple.

Correspondió a Alex Lecamoire, músico neoyorkino, la orquestación y los arreglos musicales en el que están presentes nuestros géneros: el chachachá, mambo, salsa… El valioso Roclán González se luce con sus coreografías, en las que está muy vigente lo cubano.

A Luna la seleccionaron para ese papel porque tenía condiciones muy especiales, principalmente, su voz, carisma y el conocimiento del idioma inglés. Durante dos años se entrenó en Broadway con la profesora Olga Merediz.

Dirigido por el británico Christopher Renshaw, el musical se estrenó en 2016 en el Teatro Châtelet, en París y luego conquistó otros escenarios de Europa.

Por su exitoso desempeño, la joven recibió la Orden de las Artes y las Letras de Francia.

Ella ha vuelto a la escena para sumar nuevos triunfos; se trata de: Tina, el musical de Tina Turner, presentado en Europa. Luna es una de las artistas alternante en ese papel sobre la tormentosa vida de ls cantante de rock. Incluye las más conocidas canciones de esta famosa intérprete.

## Preguntar, responder

Con la cantante, quien inició en el 2011 su carrera como solista, entablo una animada charla, que nos adentra en su vida profesional...

–*¿De qué modo definirías la música?*

–Como mi hada madrina; lo más sublime, la diva, a veces, irreverente, siempre intensa. Para mí, perfecta.

Ella ha estado con las bandas de Haydée Milanés por tres años y participó simultáneamente en la Jazz Band del maestro Joaquín Betancourt; por eso, mi pregunta sobre qué le ha aportado el trabajo de corista en esas y otras agrupaciones.

–Es como el músico de atril en una banda, otro instrumento, al menos, yo lo veo así y de esa forma me lo tomé. Desde mi punto de vista cuando se es parte de un grupo, de un todo, hay que darle mucha importancia a los detalles musicales, como son los finales de frases, respiración dinámica… Además de asemejar tu timbre a la de la voz líder. A su manera de cantar, estilo e interpretación. Es muy enriquecedor si lo abordas con seriedad.

–*Otra interrogación: ¿A partir de que criterios armas tu repertorio?*

–Lo principal es la calidad. Me gusta escoger canciones bellas, interesantes, canciones con un buen texto y que la música sea coincidente con la letra: sí, buena música con la cual me identifique.

–*¿Algún compositor se ha inspirado en ti?*

–Sí…aunque yo me apropio de todas las canciones de la luna, que no son pocas. Ja, ja, ja...

*—¿Influencias?*
—Directamente de todos los músicos con los que he estado vinculada, en especial, Emir Santa Cruz, Michel Herrera, Haydée Milanés,
y Alejandro Falcón. De todos aprendo. Además, tendría que citar
a los que admiro de Billie Holliday a Elena Burke, de María Teresa
Vera a Elis Regina y de Chucho Valdés a Gustav Mahler.

*—¿Y tú proyección en la arena internacional?*
—Pienso que como la representación de Cuba actual, que no está
en los estereotipos musicales, ni de ninguna otra índole que se
tienen fuera del país, sino como la de una imagen y sonido frescos,
novedosos. Consecuente con el momento que vivimos, siempre
auténtica en un contexto más global.

## Para no olvidar

A los diez años, Luna comenzó su formación musical; primero,
en la Escuela Vocacional de Arte Paulita Concepción y luego en
el Conservatorio Amadeo Roldán. Al graduarse participa en espacios estelares de la TV y conciertos. En 2011, interpreta el tema
de «Soledad», de Juan Antonio Leyva y Magda Rosa Galbán, que
la dio a conocer en la telenovela *Bajo el mismo sol*, en la segunda
temporada e interviene en la tercera junto a la cantante Anaís
Triana. Luna integró como solista la Schola Cantorum Coralina.
Ha trabajado con trovadores como Inti Santana y Pedro Beritán,
entre otros. Hizo varias giras al exterior, la del 2011 por Francia con
el cantante Raúl Paz, donde compartió el escenario con Descemer
Bueno, Roberto Carcassés, Haydée Milanés, Julio Padrón, David
Torrens y el cantante y tenista francés Yannick Noah. En marzo del
2012, funda con Alejandro Falcón y Enrique Carballea, el proyecto
The Spirit of The Beatles con actuaciones en varios eventos y espacio
habitual en el Submarino Amarillo, con sede en el Vedado.

Durante un tiempo integró el proyecto Los Primos, en intercambio cultural entre Cuba y Canadá y con presentaciones en el Teatro
Terry de Cienfuegos y en el Amadeo Roldán. Con 16 años arrancó
delirantes aplausos en el Festival de Jazz de Halifax, en Canadá.

Otra destacada actuación de la que la crítica especializada de la
India se hizo eco fue en el Proyecto Young Cubans All Star, liderado

por el pianista Ernesto Camilo Vega y en el que además participaron Alejandro Falcón, Gastón Joya y Michael Olivera.

Ella se uniría a los conciertos de otros músicos como Michel Herrera, Emir Santa Cruz, Rembert Duarte, Abel Marcel y a los Festivales de Jazz Plaza.

—*Muchos buenos sucesos le ocurrieron después de la telenovela Bajo el mismo sol.*
—He tenido la fortuna de seguir trabajando en el mundo del audiovisual que, por cierto, me encanta. Lo que me gusta es que mi voz es un personaje más. También resuena en la piel del drama, de la historia que se cuenta.
—Tengo vocación de actriz y mediante el canto, que requiere del histrionismo, logro experimentar diversos sentimientos. Estoy en la cinta *La voz dormida*, de España, que fue nominada a los Premios Goya y al Oscar como mejor película extranjera. La música es de ese dúo formidable que forman Leyva y Magda. Con ellos repetí en *Penumbras*. Estuve además en el CD de la película *Siete días en La Habana*, de Benicio del Toro, y otros realizadores, esa vez interpretando melodías de Descemer Bueno.

94

En el disco *Flores de Tequila*, sello Bis Music, la cantante interpreta junto a Mauricio Figueiral, la música de este autor. Hay un video clip muy disfrutable del tema «Si te cansaste de mí» que ambos hacen a dúo. Otras colaboraciones la vinculan a Adrián Berazaín y a Buena Fé.

Además, ella sobresalió como conductora del concurso de la canción cubana Adolfo Guzmán, otra experiencia que la hace crecer como artista.

Como compositora su disco *Luna Nueva* incluye tres singles: «Ay amor», «Viajera» y «Muñeca de Papel», que han sido muy bien recibidos por el público. Su video «Todo de mi» también ha resultado un éxito.

Voz sonora en la que alienta la fragancia de la juventud, esta Luna cada vez más espléndida arrulla en la música las quimeras de amor.

# DAYMÉ AROCENA. UNA DIVA DESCALZA

El jazz es para mí muchas pasiones a la vez, así me dice la cantante Daymé Arocena, quien desde la magia de su voz define en su estilo esa expresión musical y lo hace a su manera única e irrepetible.

Detrás de su aire aniñado están un espíritu voluntarioso y una fe inquebrantable que la han llevado a estos triunfos de hoy. Las melodías de sus autores preferidos viven en lo más recóndito de su ser. Tampoco olvidamos que es una floreciente autora con mucho que decir del amor, de la vida que pasa. Su composición «Mambo na'má» está entre las doscientas mejores canciones escritas por mujeres en el siglo XXI.

En sus actuaciones viste casi siempre de blanco y un turbante cubre su cabeza. Canta descalza, como si buscara el contacto con las raíces más profundas de su música, en la que reinan los ancestros. Los orishas que la guían con paso seguro. Es muy devota.

–Mi papá me regaló un disco de Yoruba Andabo con rumbas y música para los santos del panteón yoruba y ahí fue que me enamoré de esa música, de la que no tenía idea. Ese folclore arraigó en mí.

El público y la crítica han recibido con aplausos su disco *Cubafonía* que promocionó en una gira desde Chile a Japón y, posteriormente, en un concierto

en el habanero Mella, a teatro lleno. Fue su relación en grande con el auditorio de la capital cubana.

En Cubafonía canta sus propias canciones, reflejadas en diversos ritmos autóctonos y con un tratamiento bien contemporáneo. Colaboraron en esta producción, muy pensada por la autora, músicos como Ruly Herrera, Gastón Joya, Emir Santa Cruz, Jorge Luis Lagarza, Yaroldi Abreu, Bárbara Yanes, entre otros.

Tiene piezas memorables como «Negra Caridá», «Todo por amor», «Valentine», «Mambo na'má», «Lo que fue», «May be Tomorow», «La rumba me llamo yo».

—Cubafonía tiene una gran carga de nostalgia. Después de tanto viajar, me reconocí verdaderamente como cubana, me di cuenta en esa lejanía lo necesaria que era Cuba para mí. Está dedicado a Cuba y a su música. Fui muy celosa con esta placa que es un recorrido por la diversidad genérica del país. Lo importante no han sido las buenas críticas de distintos periódicos, sino defender lo nuestro. Me duele que nuestra música siendo tan rica, no tenga mayor reconocimiento internacional. Este disco es mi aporte.

—Mi álbum debut fue *Nueva Era*. Un bebé prematuro; digamos que improvisado y experimental. Nació en Londres, esa ciudad tan cosmopolita, de tantos sabores y colores. A veces, cuando lo escucho pienso que lo único que lo acerca a mi tierra soy yo.

—En cuanto a *One take* es otro hijo. Las canciones se hicieron de una sola toma, de ahí el nombre. Su objetivo era musicalizar un documental acerca de la rumba. A la disquera le gustó y lo lanzó.

Daymé confiesa su predilección por leyendas como La Lupe, Nina Simone y Ella Fitzgerald. Sin olvidar a Marta Valdés y a Bola de Nieve. «Para mí, son el ABC, simplemente geniales».

Siempre ha reverenciado a su compatriota, la inolvidable santiaguera Victoria Yoli Raymond, La Lupe, ícono de la rebeldía, y a la Simone, voz de la conciencia negra en Estados Unidos.

La Lupe tiene un lugar muy particular en su corazón:

—Fue una mujer muy auténtica. Son pocas las artistas que logran explorar su propio yo. En su época cantó jazz. Era una actriz, que cantaba. Sabía, como nadie, meterse dentro de la canción. Toda una reina. Por eso le dediqué la pieza *Negra Caridá* que aparece en *Cubafonía*.

—Soy de Santo Suárez y nací en el 92, en plena etapa de apagones y de huracanes por el fenómeno del Niño: por eso, en todos mis cumpleaños llueve. En mi casa cuando se iba la luz, mi familia, somos muchos, se ponía a cantar. Cantaban lo mismo boleros de moda o con una cuchara repiqueteaban en la ventana una sabrosa rumba. Yo era la única niña de la casa así que crecí en ese ambiente. Además, tenía unos primos que bailaban en la comparsa La Giraldilla y con cuatro o cinco años me disfrazaban y yo llevaba encantada aquellos trajes de largas colas. Todavía tengo las fotos de aquel tiempo. Yo era un personaje.

Pronto mis padres se dieron cuenta de que me gustaba el arte y estuve en el coro de Escenitos de Diez de Octubre. Ese inicial impulso me llevó primero al Conservatorio Alejandro García Caturla y después al Amadeo Roldán, donde, me gradué de Dirección Coral.

—En Caturla tuve una experiencia muy bonita. Me presenté al concurso José Martí en el que competían alumnos de otras enseñanzas artísticas. Creé una obra para orquesta y coro a la que nombré *Tenor de las palabras*, inspirada en El Apóstol, y obtuve el único primer premio.

—Seguí componiendo en el Amadeo para pequeños formatos, incluso poco utilizados. Al graduarme hice mi servicio social en Pinar del Río. Uno de mis grandes orgullos es que gran parte de mis estudiantes de música hoy están en la Escuela Nacional de Arte, ENA. Allí descubrí que me gusta la enseñanza, aunque lo que verdadero amo es cantar.

Con el nombre de Alami, piedras que suscitan el sonido de las sirenas, Daymé fundó una agrupación formada solo por mujeres.

—¡Imagínate, nosotras luchando en un medio patriarcal! No tuvimos nunca apoyo, ni incluso para profesionalizarnos, aunque todas éramos graduadas del Sistema de Educación Cubana.

Luego la saxofonista canadiense Jane Bunnett, muy vinculada a Cuba, las invitó a su proyecto Maqueque, que quiere decir muñeca, con el que grabaron el disco Oddara, nominado a los Grammy 2018 en la categoría de Mejor Álbum de jazz latino. El fonograma había ganado el prestigioso premio Juno, que otorga la Academia Canadiense de las Artes y las Ciencias.

Ahora cada una de esas artistas tiene su propio proyecto, pero si hay que grabar se unen nuevamente porque esa es también su fuerza.

—*¿Daymé, por qué el jazz en tu vida?*
—Es una historia larga: estaba en el Amadeo Roldán había una big band que carecía de cantante y me llamaron; cuando me di cuenta llevaba meses interpretando esa música que te advierto me seduce por su libertad expresiva. Cada vez que se toca es distinta y como soy muy creativa, tanto en el canto como en la composición, la tomé de base. Eran muchas pasiones al mismo y tiempo.

El más reciente disco de la artista se titula *Sonocardiograma* y fue producido por la compañía Brownswood Recordings del Reino Unido. En cuanto a este fonograma, ella ha expresado que se quiso «crear algo que tuviera una instantánea de quiénes somos por dentro, queríamos que capturara nuestra personalidad, nuestro mundo, cómo escuchamos la música».

Por ahora la joven continúa su participación en los más encumbrados festivales de jazz en el mundo, donde ha sido reconocida como la gran diva que es.

# MARÍA VICTORIA, EL ORO DE SU VOZ

Canta a la mañana sedienta de trinos, a la noche enjoyada de estrellas, al río trenzado en sueños, María Victoria Rodríguez, compositora e intérprete marca territorio propio en el panorama de la canción campesina y su versatilidad le permite cultivar boleros intimistas o los más sabrosos sones montunos.

En una entrevista me decía que al principio la apasionaba el deporte, tanto que no solo lo practicó, sino que, como velocista, la seleccionaron para participar en unos Juegos Juveniles de México, aunque por su edad, su mamá se opuso al viaje. Más tarde ingresó en la Escuela Nacional para Instructores de Arte y, al final se decidió por el canto.

Amaba la música porque en su casa siempre se celebraban guateques. Su abuelo tocaba el laúd y otros familiares se dedicaban a cantar, principalmente controversias, viejas tonadas… La madre, Merceditas Sosa, fue muy conocida en el género: empezó a trovar con solo siete años y tuvo una carrera muy destacada, con presentaciones en las principales emisoras de radio y en la televisión. Siempre recordaba aquella época junto a Celina González, Ramón, Coralia, Angelito Valiente y Justo Vega, entre otros.

En cuanto a María Victoria, después de su debut profesional, actuó en programas como *Palmas y Cañas* y en Radio Progreso, Taíno y otras ondas radiales. Por siete años estuvo en España, donde se presentó en importantes escenarios de Cataluña, Barcelona, Andalucía, Zaragoza, Madrid…

En Estados Unidos con su grupo Latín Son, recorrió las principales ciudades y su primer disco *Así soy*, despertó buenas críticas e incluso llegaron a llamarla La Reina del Son, y la declararon la heredera de Celina González.

—Pienso que Celina nunca va a tener sustituta, simplemente porque es única; sí, me considero continuadora de la música campesina, que ella bordó magistralmente…Para mí, también es un reto cantar algunos de los números que la hicieron famosa. Por lo que significa dentro del ámbito de la cultura, siento que debo defender esa expresión, esencia de cubanía.

Las excepcionales cualidades de la cantante quedan registradas en el disco *Santa Lucía*, de Bis Music. Al referirse a la placa de la cual fue productor, el valioso pianista Frank Fernández, resaltó:

> María Victoria aún está por descubrir. (…) Este es un disco para defender nuestra cultura en cualquier parte del mundo, y para demostrar cuál debe ser el camino a seguir por otros intérpretes de la isla.

Contiene 14 temas, seis de la autoría de la artista: «Santa Lucía», «Te esperaré», «Aferrada a ti», «Parranda», «Mi gente» y «Así es mi amor», el resto pertenecen a César Portillo de la Luz, «Son de Verdad»; Pedro Luis Ferrer; «Maridos majaderos»; Bobby Capó, «Poquita fe»; DR; «Le, lo, ley»; AD, *Maclovio*; César Hechevarría, *Testamento*; Arsenio Rodríguez, *La vida es sueño* y de Reutilio Domínguez y Celina González, *Santa Bárbara*.

Participaron músicos de lujo como los cantantes El Jilguero de Cienfuegos, Teté García Caturla, Tony Iznaga, Adriano Rodríguez, Lázaro Reutilio, el maestro Gonzalo Rubalcaba, el trompetista Julito Padrón, los integrantes de Clásicos del Son y Habana Flamenca.

Sobre el fonograma Santa Lucía, no faltó el criterio del compositor y director, Adalberto Álvarez: «Cuando terminé de escuchar el disco, respiré profundamente y di gracias a la vida por permitir que todavía en estos tiempos se puedan hacer obras como esta que enriquecen nuestro patrimonio cultural».

Romper los prejuicios que todavía existen contra las manifestaciones sonoras rurales, ha sido uno de los empeños de María Victoria y, lo ha ido logrando a partir de la difusión de esta música. Rotundo éxito obtuvo con *Mis Raíces*, con el que junto al tresero

Pancho Amat conquistó el Gran Premio de Cubadisco 2010. La placa también ganó el premio de música campesina, convocado por primera vez en el evento.

Grabada en los estudios Eusebio Delfín, en Cienfuegos, la artista estuvo acompañada por el Cabildo del Son en las piezas: «Mi tierra es así», de Radeúnda Lima; «El reto», Julio Flórez; «Madrigal guajiro», Cheo Martínez; «Tú no, yo sí», Miguel Matamoros; «De dónde viene el amor», de Pepe Ordaz; «El gallo pinto», instrumental, de Pancho Amat y «Mis raíces» de la autoría de la propia intérprete.

En el capítulo de los homenajes, el disco cuenta con la voz Merceditas Sosa, «La maravilla de las tonadas» acompañada por su hija, María Victoria, quien además se une a El Jilguero de Cienfuegos y a El Jilguerito en una tonada espirituana.

María Victoria ha llevado nuestra música a numerosos países: China, Bélgica, Suiza, Alemania, Inglaterra, Holanda, Rumanía, Rusia, Austria, Eslovaquia, Italia, Turquía, Estados Unidos, Canadá, Venezuela, México, Angola… En París, se dejó escuchar en el proyecto Café Vista Alegre, dirigido por Pancho Amat, que en esencia rescataba el espíritu de aquel lugar que existió en La Habana y fue sitio de la bohemia, donde acostumbraban a reunirse para cantar los legendarios, Sindo Garay y Manuel Corona, entre otros, trovadores de aquella época.

Un disco en el que asume sobre todo memorables boleros fue el titulado *Refugiáte en mí* en el que se luce interpretando a Marta Valdés, José Antonio Méndez y otros cultores del género.

Por el CD *Entre cuerdas*, María Victoria conquistó el Premio Cubadisco 2019, en la categoría Tradición Sonera y Campesina. El fonograma de BisMusic, incluye: «Sueño guajiro», Agustín Lara; «Bajo el Palmar», de Pedro Flores, que ella canta a dúo con Marco Antonio, de la Rondalla Típica Cubana y «Aunque no te vi llegar», de Marta Valdés, entre otras.

La artista ha hecho colaboraciones en los discos Cuba le canta a Cali y el primer disco de mujeres rumberas para el sello Egrem

Además, otros para María del Mar Bonet, el maestro Guillermo Rubalcaba y el cantante Ovidio González.

De ella puedo decir que sus rimas están labradas por versos de perfumada raíz que, desde el puro sentimiento, estremecen en cada tonada.

# EL REINO DEL BOLERO

# CANTO DE AMOR Y VIDA

Que el bolero tiene permanencia lo dice la cantante Haydée Milanés, con sus exitosas grabaciones para distintos fonogramas tanto de su padre Pablo Milanés, incluso a dúo, como los de Marta Valdés, autora de culto.

Con su poética son numerosos los compositores que en diversas épocas han hecho grande este género cubano.

Como el vallenato, el bolero estuvo entre las grandes pasiones musicales de Gabriel García Márquez. El Nobel colombiano decía que su novela *Cien años de soledad* era un vallenato de 400 páginas, mientras que *El amor en los tiempos del cólera* resultaba un bolero de 380. El admirado escritor no solo fue un amante de esta música, sino que aseguraba que su frondoso bigote era muestra de la admiración que en su juventud sintió por Bienvenido Granda, cantante de la popular orquesta Sonora Matancera.

El narrador recordaba también que para sobrevivir en París tuvo que cantar boleros en el club nocturno L'Scala, principal lugar de reunión de los exiliados latinoamericanos, en esa capital. Por aquella etapa en su repertorio había creadores cubanos y, en especial, Miguel Matamoros.

Incluso, García Márquez intentó alguna vez escribir un bolero sin nunca lograrlo. Para ello contó la primera vez con el asesoramiento de Armando Manzanero y luego de Silvio Rodríguez.

## Apoteosis del género

Lo cierto es que su discurso melodramático ha servido para cantar principalmente las pasiones vividas por las parejas. Autores y autoras han manifestado en ese cubanísimo género la alegría por el amor que nace, y también esos desencuentros tormentosos, que son como un tajo en el alma.

El bolero ha dejado en el archivo musical obras imperecederas: Ernestina Lecuona pondrá música al desamor: *Ya que te vas y me dejas con este gran dolor/ ya que te vas y te llevas mi vida y mi amor/ has de saber que jamás pensaré en tu querer/ que olvidarte es ahora la obsesión de mi corazón*; la inmensa trovadora María Teresa Vera nos toca en: *Porque me siento triste cansada de la vida / porque me siento sola/ y llena de dolor/teniendo tantas cosas /que halaguen mi existencia/ aún siento la nostalgia de tu profundo amor.* Ante la posibilidad de un adiós, Tania Castellanos, proclama: *Cuando te vayas de mi muy quedo/ te seguirá mi canción /del alma...* Marta Valdés, siempre genuina, creó un bolero que ha trascendido el tiempo: *Tú no sospechas/ cuando me estás mirando/ las emociones que se van desatando. / Te juro que a veces me asusto/ de ver que te has ido adueñando de mí/ y que ya no puedo frenar el deseo de estar junto a ti...* El gran Sindo Garay le cantó a su Perla marina «*el ángel con quien sueño*»; Eusebio Delfín, en «Ansia», musitó al oído de la amada: *Tengo ansia infinita/de besarte la boca/, de morderte los labios/hasta hacerlos sangrar*; la de Luis Casas Romero fue una entrega total en «Si llego a besarte», al declarar *... yo te ofrezco la vida/si me la pides...* y qué decir del inmenso Miguel Matamoros en esa pieza clásica que es Juramento: *Yo te diera mi bien por tus amores/ hasta la sangre que hierve en mis arterias*; lleno de desolación Jaime Prats inscribió en su catálogo el conmovedor texto: *Ausencia quiere decir olvido/decir tinieblas, decir jamás/ las aves pueden volver al nido/ pero las almas que se han querido/cuando se alejan no vuelven más.*

Los jóvenes cantautores han adoptado con éxito el género, Descemer Bueno ha regalado «Sé feliz» en la interpretación de Fernando Álvarez o de la cantante Anaís Abreu. Joya con boleros antológicos es el álbum *Libre de pecado*, premiado en la edición 23 del Cubadisco, en el que Beatriz Márquez reverencia la obra Adolfo Guzmán.

Lo suman a su repertorio Yusa, Heidi Igualada, William Vivanco, Kelvis Ochoa, Tony Ávila, Diana Fuentes, Luna Manzanares, Laritza Bacallao...

Para el musicólogo Helio Orovio, «El bolero constituye, sin duda alguna, la primera síntesis vocal de la música cubana, que al traspasar fronteras registra permanencia universal».

El cine sonoro, la radio, el disco, las victrolas contribuyeron a que se difundiera rápidamente por el mundo. En su constante evolución se fusiona a otros géneros de la música popular lo que ha garantizado su vigencia: bolero–son, bolero–mambo, bolero–rock, bolero–salsa, bolero–moruno, bolero–tango, y entonces viene a mi mente el gran Leopoldo Ulloa con En el balcón aquel y aquellos números interpretados por Celio Gonzalez con la Sonora Matancera…

## De su revival

El desaparecido escritor Lisandro Otero se inspiró en la vida de nuestro Benny Moré para escribir su novela *Bolero*; la mexicana Ángela Mastreta utilizó el título de *Arráncame la vida*, de Agustín Lara. La música del género aparece en filmes cubanos como los de Fernando Pérez y en las del manchego Pedro Almodóvar.

Intérpretes como Plácido Domingo la incluyen en su repertorio, Luis Miguel, Alejandro Fernández, Tania Libertad y hasta Shakira con sus *clips,* contribuyen a su resurgimiento.

Para alegría de los cubanos en el 2021 muestro bolero ha sido declarado Patrimonio Cultural de la Nación.

# ISOLINA: GARDENIAS QUE NO SE MARCHITAN

Aquella tarde habanera muchos ojos miraban curiosos la escena en el cine Strand. Crispín Carrillo, padre de Isolina, le pido a la niña que se sentara al piano y ella, luego de vencer su timidez dejó que sus dedos recorrieran el teclado dibujando una hermosa melodía.

Después de pasar aquella primera prueba, Isolina, con solo diez años, fue llamada a suplir la ausencia del pianista de ese cinematógrafo situado en la barriada habanera de Cayo Hueso.

Era costumbre en aquella época que un fondo musical animara las películas silentes y, en los intermedios, se tocara algún que otro danzón de moda.

Para la chiquilla no solo resultó una manera de ganar dinero para la flaca economía familiar, sino de ver gratis las entretenidas películas de vaqueros galopando incansables en busca de aventuras.

Nacida el 9 de diciembre de 1907, Isolina comenzó temprano en la música. Tuvo buenos maestros: el compositor y guitarrista Graciano Gómez y la profesora María L. Chartrand. Se graduó en la Academia Municipal (hoy Conservatorio Amadeo Roldán). Recibió clases de canto de Piedad de Armas y del maestro Juan Elósegui. Aprendió a tocar el órgano, la mandolina y como el piano la apasionó más, continuó estudios superiores con el profesor Joaquín Nin.

Aunque poseía una sólida formación de concertista derivó hacia los géneros populares. Trovadoras del Cayo llamó a su septeto femenino, el segundo que hubo en Cuba y donde, en vez de piano, ella tocaba la trompeta aprendida de Lázaro Herrera, músico de la agrupación de Ignacio Piñeiro.

En 1934, Isolina tocó el piano y puso su voz en el Trío Guyún que formaban el guitarrista de ese nombre y Marcelino Guerra, Rapindey. La joven comenzó a acompañar al piano a intérpretes como Rita Montaner y continuó, en la emisora CMQ, esa labor en el programa radial de aficionados *La Corte Suprema del Arte*, cantera de artistas.

Pasó a la RHC como repertorista y directora de programa musicales, con un salario astronómico para esa fecha. Cierta vez que Amado Trinidad Velazco, dueño de la emisora, se interesó por la contabilidad, se sorprendió con lo que ganaba Isolina e incluso ordenó que le cancelaran el contrato. Al enterarse luego del importante trabajo que ella desarrollaba, la ratificó en su puesto, El Guajiro de Ranchuelo, aquilató lo que esta mujer valía y aportaba a su planta radial.

A ella se debió la fundación de la Orquesta Típica Gigante de la RHC Cadena Azul y el primer Conjunto Campesino de la radio cubana.

*Isolina Carrillo junto a Benny Moré*

La compositora dirigió el Conjunto Siboney, en el que cantaron Olga Guillot como también lo hizo Celia Cruz y creó con el cuarteto, así nominado el primer grupo vocal del país. Además, con el Trío Sepia y su esposo Guillermo Arronte, formó un conjunto que realizó una gira por América Latina. En México, filmaron *Rumba caliente*, *La segunda mujer* y *Música, mujeres y amos*.

Creó varias obras y, en 1945, estrenó la que le dio celebridad:

### Dos gardenias

*Dos gardenias para ti,*
*con ellas quiero decir*
*te quiero, te adoro, mi vida.*
*Ponle toda tu atención*
*que serán tu corazón y el mío.*
*Dos gardenias para ti*
*que tendrán todo el calor de un beso,*
*de esos besos que te di*
*y que jamás encontrarás*
*en el calor de otro querer.*
*A tu lado vivirán y te hablarán*
*como cuando estás conmigo,*
*y hasta creerás que te dirán te quiero.*
*Pero si un atardecer*
*las gardenias de mi amor se mueren*
*es porque han adivinado*
*que tu amor me ha traicionado*
*porque existe otro querer.*

¿Qué motivó este popularísimo bolero? ¿Nació de una vivencia personal?, ¿De un desengaño? Hay distintas versiones.

Alguna vez, ella dijo que la canción surgió cuando una alumna le regaló unas gardenias de irreprochable blancura. Igual se ha comentado que su origen se debe a un disgusto que tuvo con un alumno colombiano, quien celebraba una fiesta a la que no invitó a su maestra porque no quería que asistieran negros. A raíz del triunfo de la composición, Isolina dio una simple explicación: «Se me ocurrió y la compuse en un estudio de la RHC Cadena Azul». Lo cierto es que le dio fama, aunque al principio no tenía mucha fe en el número.

El primero en cantarla fue Guillermo Arronte, mas sería el boricua Daniel Santos quien le dio proyección internacional. La han grabado Rita Montaner, Antonio Machín, Elena Burke, Roberto Sánchez, Fernando Álvarez…En otras latitudes, Toña la Negra, las hermanas Avelina y María Luisa Landín, Pedro Vargas, Fernando Fernández, Eva Garza, Leo Marini, Dyango… En su estilo, la tonadillera española Isabel Pantoja hace una genuina creación de «Dos gardenias». Destacamos que en el disco *Buena Vista Social Club*, Ibrahim Ferrer concibe una personal interpretación de ese bolero.

La pianista y autora compuso otras inolvidables páginas: «Miedo de ti», a solicitud de André Kostelanetz especialmente para su orquesta y «Como yo jamás», «Cuando menos lo pienses», «Increíble», «Castillo de ensueños», «Fiesta de besos», «Acuarela tropical», «Mi lamento», «Que mal te portas», «Rumor de vida», «Sé que lo sabes», «Viviré para quererte», «Soy tu destino», «Ironía», «Lejos de ti» y la muy conocida «Sombra que besa», texto de Rosendo Ruiz Quevedo, entre otras…

El corazón de Isolina Carrillo, que siempre giró al compás de la música, se detuvo el 21 de febrero de 1996.

109

Conjunto vocal Isolina Carrillo

# RAFAEL ORTIZ: ALMA DE BOLERISTA

En su casa habanera, tan llena de recuerdos, Rafael Ortiz, Mañungo, me dio la bienvenida con una amable sonrisa. Guitarrista y compositor ha dejado entrañables obras, en la memoria musical. Pienso en: «Un mensaje de amor», «Conciencia fría» (texto: Julio Blanco Leonard), «Desconfianza de amor», «Todo en conjunto», «Tú mi afinidad», «Amor de loca juventud», «El final no llegará» y «La vida es una semana» (textos Eugenio Pedraza Ginori). En «Madre no me pidas», expresa:

> *La quise con un cariño*
> *como quieren los que quieren,*
> *como quieren los que quieren*
> *con ardiente y dulce amor.*
> *y en pago de mi ternura*
> *solo me causó disgusto,*
> *y hoy te pide a ti, Viejita,*
> *que yo le dé mi perdón.*
> *Madre no me pidas que la quiera,*
> *aunque de dolor me muera*
> *no quiero su salvación*
> *es preferible morir de ella alejado*
> *que vivir a su lado*
> *sin fe y sin ilusión.*

Autor también de la conga «Uno, dos y tres», de éxito mundial, Mañungo nació el 20 de junio de 1908 en Cienfuegos. Disfrutó la rumba en el solar donde vivía: su papá y los tíos eran tocadores de quinto, incluso le gustaba decir que sus padres se conocieron, jóvenes, en una buena rumbantela. Comenzó tocando allá por Pueblo Grifo y junto a su hermana Brígida hizo dúos interpretando a los más grandes de la trova cubana: Sindo, Corona, Villalón… Después fue el son llenándolo todo. En su gusto por la música incidieron sus padres que también estuvieron en al famoso coro Gascón de Trinidad.

Perteneció al Sexteto Santa Cecilia, que tenía entre sus integrantes a otro destacado autor: Marcelino Guerra, Rapindey. Trabajó en distintos oficios: un día pintor de brocha gorda, otro estibador y así por igual durante un tiempo, pero no podemos olvidar que al final fue la música la que rigió en su vida.

Conoció la etapa de las estudiantinas, a músicos callejeros, que eran muy solicitados como Tata Acea y a Nicolás Bemba e' guano, un bongosero que era todo un maestro y se lucía tocando en el conjunto La caja de hierros.

La guitarra de Mañungo se escuchó en los sextetos Cienfuegos, Santa Cecilia, Melodías de Ramito y Ron San Carlos.

Instalado en La Habana, se unió a la orquesta del cabaret Infierno y estuvo con los septetos Típico Santiaguero, Los Criollitos y el Habanero, luego pasó al conjunto La Clave Oriental, agrupación con la que viajó en 1933 a Chicago para participar en la Feria Exposición *Un siglo de Progreso*.

Inevitablemente, el nombre de Ignacio Piñeiro, surgió en nuestra charla.

—De niño vivía en el solar El Refino, frente al teatro Luisa Martínez Casado, en Cienfuegos; allí empecé a oír las obras de Ignacio Piñeiro, pues los peloteros Bartolomé Portuondo, padre de la cantante Omara, y Abelardo Junco, quienes visitaban ese lugar siempre estaban cantando números como «Impulcritudes» y «El edén de los roncos».

—Cuando llegué a La Habana lo que más deseaba era encontrarme con Piñeiro, el Campeón del Son, y desde el principio sellamos una sincera amistad; a pesar de su grandeza, fue un hombre sencillo. Cuando viajamos a Chicago, él con el Septeto Nacional y yo al frente del Montmartre (La Clave Oriental), aquellos lazos se estrecharon más. Lo considero mi maestro porque con él aprendí lo que es de verdad música. Sí, llevábamos la música en el mismo medio del pecho y era como esos fuegos sagrados que nada puede apagar; las canciones brotaban una y otra y oírlas y saborearlas era lo mejor que podía pasarnos. Pienso que Piñeiro fue realmente único, el más grande de nuestros folcloristas; al menos yo lo veo así.

Mañungo fue músico de las orquestas de Armando Valdespí, Arcaño y sus Maravillas, Pedrito Calvo, padre, el Quinteto Tomé y de La Gloria Matancera, en la que cantaba y tocaba el contrabajo, entre otras.

Por muchos años, el inspirado autor llevó la batuta del Septeto Nacional hasta su retiro. El catálogo de sus obras registra más de cien títulos grabados para distintas firmas discográficas como Victor, Panart, Egrem. Cultivó diversos géneros como el bolero, en sus distintas variantes, el son, la canción, la guaracha, el guaguancó, el chachachá, la conga y la rumba. Su bolero «Amor de loca juventud», lo interpretó Compay Segundo en el álbum premiado *Buena Vista Social Club*.

En su discografía está una joya de la Egrem: «Todavía me queda voz» con Carlos Embale como cantante y Los Roncos Chiquitos, que Mañungo dirigió. El cine contó con él en *La rumba*, de Oscar Valdés y *635 años de son*, de Teresa Ordoqui.

El inspirado autor falleció en La Habana el 29 de diciembre de 1994.

*Rafael Ortiz, Mañungo*

# JULIO GUTIÉRREZ, UN AUTOR INOLVIDABLE

113

*En la vida hay amores*
*que nunca pueden olvidarse*
*imborrables momentos que siempre*
*guarda el corazón,*
*pero aquellos que un día*
*nos hizo temblar de alegría*
*es mentira que hoy pueda olvidarse*
*con un nuevo amor.*
*He besado otras bocas*
*buscando nuevas ansiedades*
*y otros brazos extraños*
*me estrechan llenos de emoción,*
*pero solo consiguen hacerme*
*recordar los tuyos*
*que inolvidablemente*
*vivirán en mí.*

A dónde fueron a parar aquellos sueños que el amor tejió día a día; de ellos solo queda la inmortal melodía que acuna el recuerdo. Iban juntos tomados de la mano como dos colegiales por las calles del pueblo. Corrían tras las palomas, inventaban historias, se abrazaban cada vez más fuerte como si temieran al destino. Y sucedió cuando a él lo llamó el servicio militar, la novia, juró que lo esperaría. ¡Ah!, la distancia… Pasaron tres años y los padres de la muchacha aprovecharon la oportunidad para casarla con un ricacho. Para él joven todo fue pesadumbre. Nunca más volvió a verla porque se estableció en otras tierras con el marido. El abandonado tuvo algunos devaneos que no dejaron nada en su alma, donde ella seguía reinando con su mirada tierna, sus senos erguidos, la boca a punto del beso. Aquel amor primero seguía viviendo en la memoria del galán y en momentos de fiera nostalgia volvía a reunir pedazos de aquel tiempo para siempre ido. Gustaba visitar el bar de Leocadio y allí mientras paladeaba una cerveza escuchaba los bolerones de moda. Ninguno le llegó tanto como aquel titulado «Inolvidable», que pertenecía a un autor llamado Julio Gutiérrez con quien se sintió pronto muy identificado. ¿Le habrá sucedido lo que a mí?, se preguntaba. Nunca lo supo, sin embargo, para suerte suya, encontró en una vieja revista datos de ese valioso músico, que ya era como un viejo amigo.

Son numerosos los compositores cubanos que crearon a partir de la lírica amorosa y, entre ellos, el manzanillero Julio Gutiérrez, quien tributó al género páginas antológicas.

Pianista, director de orquesta y compositor, nació el 8 de enero de 1912. Estudió piano y violín en el Conservatorio Municipal de Música. Fue muy amigo del cantante Miguelito Valdés e integró la nómina de la orquesta Casino de la Playa. Precisamente con esta famosa agrupación estrenó varios de sus éxitos como «Cuando vuelva a quererme», «Macurijes» y «Desconfianza», este último está en la primera grabación de una descarga de jazz en Cuba. Sin embargo, sería el bolero «Inolvidable» el que acentuó su popularidad.

Por 1948 creó su propia orquesta con la que actuó en la RHC Cadena Azul y durante un tiempo fue pianista acompañante de Rita Montaner. Con el dúo Cabrisas –Farach grabó un disco, esta vez como organista.

Además, formó un cuarteto en el que figuraban Enma Roger, Mario Fernández Porta y Emelina Díaz.

Desde su creación, «Inolvidable» ha estado en las voces de cantantes de mucho crédito tanto en Cuba como en el extranjero.

El bolero fue escrito en 1944 e interpretado por la propia orquesta de Julio Gutiérrez. Lo versionaron Domingo Lugo en su LD *La vida es siempre mucho más.* Además, Roberto Carlos, Danny Rivera, la Fania All Star y Luis Miguel en su CD de boleros. Apareció en el fonograma *Tito Rodríguez withlove*, grabado en 1963 y del cual se vendieron millón y medio de copias. Para su álbum *De corazón a corazón* lo

interpretó la estadounidense Eydie Gormé, conocida por sus grabaciones en español.

Bebo Valdés y El Cigala lo incluyeron en su fonograma *Lágrimas negras*, que obtuvo premio Grammy como mejor álbum de música tropical tradicional.

La música de Julio Gutiérrez se escucha en varios filmes y, entre ellos, *El ángel caído*, coproducción cubana–mexicana (1948), dirigida por Juan J.Ortega; *A La Habana me voy, Luis Bayón* (1951); *Ritmos del Caribe, La Única*, (1952), de Ramón Peón y en *Tres bárbaros en un jeep*, (1955) con dirección de Manuel de la Pedrosa.

«Inolvidable» se encuentra en la banda sonora del filme *El lado oscuro del corazón*, del realizador Eliseo Subiela, en otra excelente interpretación de Tito Rodríguez.

El manzanillero creó, entre otros boleros los titulados «Cuando vuelva a tu lado», «Mírame así», «Se acabó» y «Llanto de luna», otro de sus hits. En la línea del bolero–mambo: «Desconfianza», «Pero que te parece», «Qué es lo que pasa» y «Un poquito de tu amor».

Falleció en Nueva York el 14 de diciembre de 1990.

115

# MULENS Y SU OFRENDA DE AMOR

Por lo trascendente de su trabajo musical siempre habrá que fijar la atención en Fernando Mulens, quien con «Qué te pedí», sentido ruego de amor, ha tocado las fibras sentimentales más íntimas de los enamorados. Desde su creación, este bolero ha tenido resonancia internacional al interpretarlo valiosos cantantes en diferentes lugares del planeta.

*Fernando Mulens. Foto: Chuchi Mulens*
*(sobrino de Mulens, tomado de Facebook)*

Destacados acontecimientos nacionales ocurrieron en 1919, el año en que nació Fernando Luis Miguel López Mulens, quien adoptó el nombre artístico de Fernando Mulens. Recordamos que en esa fecha el aviador Agustín Parlá realizó el primer vuelo comercial entre Estados Unidos y en Cuba y se mantuvo la llamada Danza de los millones a partir de un alza desmedida del precio del azúcar en el mercado mundial. En ese período el maestro Ernesto Lecuona compuso su famosa pieza «Siboney», que tuvo luego entre sus grandes intérpretes a nuestra Rita Montaner; en el ámbito de la literatura, Miguel de Carrión dio a conocer su novela *Las impuras* y el poeta Gustavo Sánchez Galarraga el libro *Motivos sentimentales*. Producido por Santos y Artigas, se estrena en el Payret el melodrama cinemtográfico *La zafra* o *Sangre y azúcar* con dirección de Enrique Díaz Quesada.

Matancero, Mulens triunfó como pianista, compositor, arreglista y director de orquesta. Estudió música en el Conservatorio Santa Cecilia, en Cárdenas, con el profesor catalán Mas Riera.

Profesionalmente fue pianista acompañante de los mexicanos Pedro Vargas y María Luisa Landín en sus distintas giras por el mundo. Otro momento importante en su carrera se produjo cuando dirigió, en 1951, las orquestas Radio El Mundo y Radio Belgrano, en Buenos Aires. Además, fue arreglista de autores como Osvaldo Farrés.

En 1953, Mulens dirigió la Orquesta de Cámara de Madrid en las grabaciones de su compatriota Esther Borja en «Rapsodia de Cuba» para el sello Montilla, todo un clásico de nuestra discografía. Mulens dedicaría a Esther el tema «Para ti», utilizado en el programa de presentación *Álbum de Cuba*, que ella centralizó.

El autor tuvo una estrecha relación durante su estancia argentina con el letrista Roberto Lambertucci.

Al cubano se deben las composiciones «Estoy aquí de pie» (texto Olga Navarro), «La noche quedó atrás», «Yo no sé qué me pasa», «A pleno sol», «Canción de estío», «Ábreme la puerta», «Romanza de la despedida», «Tropicana»…

Dejó de existir en Puerto Rico, el l0 de noviembre de 1986.

*¿Qué te pedí?,*
*tú lo puedes al mundo decir,*
*que no fuera leal comprensión*
*al amor que yo te dí.*
*¿Qué te pedí?,*
*que pudiera en tus manos poner,*
*y aunque quise robarme la luz para ti*
*no pudo ser.*
*Hoy me pides tú las estrellas y el sol,*
*no soy un Dios.*

*así como soy yo te ofrezco mi amor,*
*no tengo más.*
*Pide, lo que yo pueda darte,*
*no me importa entregarme a ti sin condición*
*¿Qué te pedí?,*
*que no fuera leal comprensión,*
*que supieras que no hay para ti otro amor*
*como mi amor.*

118

# FARRÉS, EL DE TODA UNA VIDA

*Toda una vida, me estaría contigo*
*no me importa en qué forma*
*ni cómo ni dónde, pero junto a ti,*
*toda una vida te estaría mimando*
*te estaría cuidando*
*como cuido mi vida que la vivo por ti.*
*No me cansaría de decirte siempre*
*pero siempre, siempre...*
*que eres en mi vida*
*ansiedad, angustia y desesperación...*
*Toda una vida, me estaría contigo*
*no me importa en qué forma*
*ni cómo ni dónde, pero junto a ti.*

Se encontraron la primera vez en la emisora CMQ, donde Josefina, Finita, acompañaba a su hermana la locutora Asunción del Peso. Con aire seductor el compositor Osvaldo Farrés le preguntó a Finita que si sus hermosas piernas se las había prestado un ángel. Cuentan que ella le sonrío aceptando el piropo. Así comenzó el romance entre ambos, que fue creciendo a pesar de la negativa familiar de la joven, a quien él le llevaba no solo treinta años, sino que era divorciado lo que no era bien visto en aquella sociedad tan llena de prejuicios. El padre la envió a casa de una tía en Santa Clara. No se sabe a ciencia cierta cómo se las arregló el ferviente enamorado para enviarle un mensaje a Finita, donde le decía que escuchara el programa *La Hora Polar*, donde recibiría una sorpresa. La voz de Pedro Vargas interpretó «Toda una vida». Esa confesión dicha con música fue definitiva. A pesar de la distancia nada pudo detener aquella pasión y, al final, unieron sus vidas para siempre.

Finita fue la musa del compositor y por muchos años coordinadora y conductora del programa *Bar Melódico de Osvaldo Farrés*, primero trasmitido en radio y luego en TV.

*Toda una vida*, se titula la película que en 1944 protagonizó en México, la rumbera cubana María Antonieta Pons. El bolero lo canta el tenor colombiano Carlos Ramírez en el filme *Easy to Wed*, en el que interviene la nadadora y actriz norteamericana Esther Williams.

Osvaldo Farrés, nació en Quemado de Güines, actual Villa Clara, el 13 de enero de 1909.

Otra anécdota: estando Farrés en los estudios de CMQ diseñando un anuncio de la cervecería Polar de la cual era publicista lo acompañaban cinco muchachas y un locutor comentó: «ahí está Osvaldo Farrés con sus cinco hijas». La broma sirvió de inspiración al autor y surgió en 1937 el tema que pronto se popularizó, aunque en vez de hijas lo tituló «Mis cinco hijos» (Pedro, Pablo, Chucho, Jacinto y José). Esta guajira–son le dio auge en ese momento a Miguelito Valdés, quien la cantó con la Casino de la Playa. Del gustado número se hizo posteriormente un corto musical producido por la cerveza Polar interpretado por José Fernández Valencia y arreglos de Gilberto Valdés.

En el Teatro Nacional se presentó en 1938, la revista *Señoritas*, con libreto de Eulogio Velazco y música de Osvaldo Farrés. Compuso para los filmes *Hitler soy yo*, que, en 1944, dirigió Manolo Alonso; *Embrujo antillano*, con dirección de Geza Polaty y Juan Orol y *Misión al norte de Seúl* o *Cuando la tarde muere*, que en 1954 llevó a la pantalla Juan José Martínez Casado. La cantante habanera Elizabeth del Río interpretó canciones de Farrés en el filme *Siete muertes a plazo fijo*.

Creó más de trescientas canciones y, entre las piezas más populares se encuentran «Acércate más», «No me vayas a engañar», «No, no y no», «Para que sufras», «Acaríciame», «Estás equivocada», «Un caramelo para Margot».

Considerados boleros clásicos, sus «Tres palabras» y «Quizás, quizás, quizás» han sido versionados por numerosos cantantes.

Durante su rica trayectoria artística, Farrés se hizo acreedor de importantes premios. El matrimonio con Finita duró treinta y tres años. Él falleció en Nueva Jersey, Estados Unidos, el 22 de diciembre de 1985. Y ella le sobrevivió.

# RENÉ TOUZET, HOMBRE DE PASIONES

*La noche de anoche*
*qué noche la de anoche*
*tantas cosas de momento sucedieron*
*que me confundieron*
*estoy aturdido*
*yo que estaba tan tranquilo*
*disfrutando de esa calma*
*que nos deja un amor*
*que ya pasó.*
*¿Qué tú estás haciendo de mí?*
*Que estoy sintiendo*
*Lo que nunca sentí*
*Es muy profundo*
*Mi deseo de ti*
*Te lo juro*
*Todo es nuevo para mí.*
*La noche de anoche*
*Revelación maravillosa*
*Que me hace comprender*
*Que yo he vivido*
*Esperando por ti.*

Ella calmó su fuego de amor. A él, esta pasión avasalladora se le clavó en el pecho para convertirse en palabras, melodías. El romance que envolvió a la pareja, atraía la curiosidad de la prensa en ese tiempo. Olga Guillot, la llamada Reina del Bolero, le cantó los más inspirados al compositor René Touzet y, entre ellos, el titulado

«La noche de anoche». De esa unión no solo nacieron canciones sino una hija: Olga María.

Y vaya usted a saber por qué motivos el compositor expresó su «Incertidumbre», que la Guillot no dudó en incluir en su bien seleccionado repertorio. El romance dio mucho que hablar, aunque con el tiempo la llama se fue apagando y lo que una vez pensaron eterno idilio terminó en lejana distancia y algún que otro reproche. Sí quedaron definitivos bolerones, que ella siempre temperamental y, desde la nostalgia, se encargó de continuar interpretando.

En Cojímar, La Habana, nació René Touzet, el 8 de septiembre de 1916. Tuvo una sólida formación académica. En el Conservatorio Falcón donde estudió obtuvo el Primer Premio en un concurso de graduados. También con su obra «Una canción para ti», se hizo acreedor de otro primer Premio en el Festival de la Canción Cubana. Trabajó como pianista en la orquesta del maestro Luis Rivera y luego fue director de la Gran Casino de La Habana, que reunió a los que luego serían notables músicos como Arturo O'Farrill, Gustavo Mas, Alberto Jiménez Rebollar y René Márquez, entre otros.

De Touzet, el *Diccionario Enciclopédico de la Música en Cuba*, apunta: «Compositor original, a partir de 1934 comienza a hacer una canción y un bolero distintos a los producidos hasta ese momento como «Despertar», «Tu canción», «Ansiedad de ti», «No te importe saber», donde no solo utiliza una armonía más moderna, sino textos en los que se aprecia el buen gusto que siempre ha estado presente en sus obras. En su bolero «Ansiedad de ti», aunque parte de la armonía es impresionista, lo interesante del mismo es su manera de confeccionarla, ajustada a su estilo y su manera de articular la frase melódica; en este sentido rompe moldes en lo que se refiere a giros melódicos, el empleo de una armonía, a veces disonante, con una manera peculiar de enlazar los acordes con los giros melódicos de la pieza; así nace su estilo de hacer la canción y el bolero».

Touzet tuvo una vida plena en la música y es uno de los autores cubanos más importantes del pasado siglo. En Los Ángeles obtuvo cuatro discos de oro entre 1960 y 1970. Por varios años fue consejero de música y orquestador de la Peer International Music Publisher de Nueva York. Dirigió el primer concierto de música latina celebrado en el Hollywood Bowl, en 1966. Además, fue pianista de famosas orquestas como la de Xavier Cugat, Enrique Madriguera, Desi Arnaz y Carlos Molina.

Se le considera uno de nuestros más notables boleristas con obras como «Canta la nostalgia», «Confusión», «Conversación en tiempo de bolero», «Incertidumbre», «La noche de anoche», «Me contaron de ti», «Muy dentro de mí», «Sintiéndote mía», «Súplica a la Virgen del Cobre», «Somos tú y yo», «Así como tú eres», «Con mil desengaños», «Ayer te vi otra vez», «Parece mentira», «Pero llorar, no voy a llorar», «Has dudado de mí», «Hasta que vuelvas», «Lo que pienso de ti»….

Sus composiciones incluyen música incidental para teatro, obras para piano, danza y la famosa contradanza «Saumeliana».

Numerosos intérpretes han cantado las canciones de Touzet, entre ellos, Elena Burke, Marta Pérez, Mario Fernández Porta, Vicentico Valdés, René Barrios, Bola de Nieve, Miguelito Valdés, Fernando Álvarez y extrajeros como Bobby Capó, Fernando Fernández, Tony Martin. Bing Crosby, Frank Sinatra, Jimmy Dorsey, Pedro Vargas, Lucho Gatica…

El valioso compositor y pianista dejó de existir el l7 de junio de 2003, en Miami, Estados Unidos, donde se había establecido.

123

# MARTA VALDÉS: CLAVES DE SU CANCIÓN

Desde su lirismo, Marta Valdés ha creado temas que viven en la memoria de los que aman porque acunan nostalgias o se duelen de ausencias. Una mujer con su guitarra para llenarnos de emociones tan antiguas como la noche. Sus composiciones están tocadas por esa autenticidad que solo se encuentra en lo mejor de nuestra música.

### Llora

*Por lo que nunca hiciste*
*Por lo que nunca fuiste*
*Y quieres ser ahora.*
*Llora, llora*
*Por el amor que vuelve*
*Y por el amor*
*Que jamás hallarás.*
*Llora*
*Por los amores viejos*
*Que se quedaron lejos*
*Y que tal vez añoras.*
*Llora*
*Por este amor que crece*
*Y aunque después te pese*
*Confiesa que me adoras*
*Llora, llora, llora.*

Habanera, nacida en 1934, el nombre de esta autora de culto no solo irradia en el panorama insular sino en el de Latinoamérica. Sus historias engarzadas en poéticos textos, riqueza armónica y melódica surgen de su propia experiencia o se han inspirado en la vida de personajes como el infortunado poeta matancero José Jacinto Milanés

En su catálogo están obras antológicas como «Palabras», «Tú no sospechas», «En la imaginación», «No te empeñes más», «Tú dominas», «Deja que siga solo», «Llora», «Canción desde otro mundo», «Sin ir más lejos», «Aunque no te vi llegar», piezas que por su validez han trascendido el tiempo.

En una mirada a la infancia recuerda cómo se aficionó a la música a través de la radio en una etapa en que florecían los tangos, las canciones mexicanas y luego la música norteamericana de los años cincuenta. Gracias a que su mamá le compró una guitarrita a plazos, de las que entonces valían 15 pesos, pudo estudiar junto a otros niños con la profesora Francisqueta Vallalta.

–*Marta, ¿de quién te sientes deudora? ¿Cuáles han sido tus mayores influencias?*

–Pienso en mi madre y en mi tía, que se pasaban el tiempo poniendo canciones, en mi maestra y en los programas de radio, todos con buena música cubana, latinoamericana y norteamericana, que me formaron el gusto y ajustaron las tuercas de un mecanismo para percibir la música que ha permanecido sustancialmente igual en mí a lo largo de la vida.

–Los ingredientes de mis primeros boleros los recibí de la manera en que Roberto Faz trasmitió a Portillo y José Antonio, a Cristóbal Doval y Ñico Cevedo; del aire lentísimo que Benny Moré imprimió a ese género, de la perfección estructural del Pepe Delgado de «Cosas del alma» y el Julio Gutiérrez de «Inolvidable»; finalmente, el detonante para que me diera cuenta de todo lo que puede ser una canción fue el Bola de Nieve de «No me platiques más» y «No puedo ser feliz» en un disco de la RCA Victor de 1954. Mi primer bolero, Palabras, nació en 1955.

–Hay influencias que entraron después en mi manera de andar por la música y fueron las que trajo a mi vida Leopoldina Núñez, mi segunda maestra de guitarra, al introducirme en el mundo de un músico cubano muy grande, muy rebelde e injustamente olvidado: Orlando Llerena. Soy una mezcla de todo eso que luego tomó la ruta de la música para el teatro y trazó el perfil de un cancionero propio. En cuanto a mí no me siento reflejada en la música de otros como no sea por el intercambio de energía, por lo que pueda haber influido mi posición inflexible en contra del facilismo y de lo comercial.

*—Algunos te consideran una figura de transición entre el feeling y la Nueva Trova...*
—Mira, el feeling ya estaba codificado y metido en el alma colectiva cuando yo empecé a componer. Luego tomé por otros caminos. He incursionado en la música tradicional, en las más diversas formas de la canción. Si algún aporte he podido hacer a esa manifestación es demostrar el genio de sus iniciadores que ha delineado un lenguaje tan sólido y perdurable al cual siempre podrá acudirse.
—No soy la transición entre el feeling y la nueva trova. En primer lugar, porque no he hecho únicamente feeling y en segundo lugar, porque la primera sorprendida ante el advenimiento de una forma de canción totalmente diferente a la que hasta entonces existía, fui yo, que con gran alegría y emoción pude apreciarlo. Cuando ocurrió este acontecimiento en nuestra música yo estaba en lucha por configurar ese cancionero propio del que siempre hablo, en el cual hay una actitud abierta a todas las formas cantadas de nuestra música.
—Ese espíritu de apertura que nos animó cuando nos sentimos en revolución, estaba fuertemente encauzado en una persona que como yo en 1959 cumplí 25 años: le agradezco a la vida la posibilidad de haber podido describir una trayectoria atípica. Nunca como en aquellos momentos estuvo tan presente el verso de Martí *«yo vengo de todas partes y hacia todas partes voy»*. Desde ese momento yo, que me había iniciado solo cuatro años antes, decidí no estancarme, no trabajar en función de la fama, la popularidad o el nombre, sino con el objetivo de aportar algo al cancionero de mi país y, por suerte, todavía estoy en lucha porque no he conseguido que en el alma de la gente una canción mía obre el milagro que se produce cuando se escucha aquello de *«cuando se quiere de veras, como te quiero yo a ti»*.
    Marta se ha destacado componiendo música para el teatro en las piezas *El perro del hortelano*, *Pasado a la criolla*, *El alma buena*

*de Se-Chuán*, *El becerro de oro*, *La casa de Bernarda Alba* y también para el cine. Ella se ha presentado en festivales y ha ofrecido presentaciones en España, México, Venezuela y Brasil. En 1990, legitimó un espacio cultural, cuando bajo una frondosa mata en Teatro Estudio, creó una peña que reunió a muchos jóvenes.

De la cantante Martirio y el flamenco, apunta:

—Martirio es una artista muy inteligente a quien decidí buscar en la primera ocasión que tuve de viajar a España en los noventa. Yo quise someter mis canciones a su juicio y de ese encuentro nació un afecto grande; ella compartió conmigo sus amigos y les dio a conocer mis canciones y un buen día decidió hacer una doble lectura al flamenco, de mi balada ¿Hacia dónde?, demostrando que las emociones están unas en las otras y que todos los lenguajes auténticos se comunican.

—El flamenco es, al igual que los ritmos cubanos, un arte misterioso, esencialmente vivo en quienes lo trasmiten de una generación a otra. Para mí, no hay emoción como escuchar a mis amigos andaluces haciendo, muy bajito, el compás. Ellos cuentan mucho con el silencio y eso es una muestra de sabiduría en la relación del ser humano con la música.

127

*—Tú música y el jazz ¿cómo se imbrican?*

— A los dos o tres años de haber compuesto mis primeras canciones, hice amistad con el inolvidable Giraldo Piloto, uno de esos seres a quienes les corría el jazz por las venas. Mi mundo era el de las canciones americanas, pero no me había enfrentado verdaderamente a lo que en sí es el jazz, y él me inició en ese gusto enseñándome incluso a diferenciar los instrumentos y a seguir el hilo de las improvisaciones de aquellos grandes de los cincuenta. Desde entonces, mi alimento espiritual, mi oxígeno, tiene dos componentes: el jazz y lo que comúnmente llamamos música clásica.

Claro que en nuestra conversación no podíamos dejar de hablar de su disco *Tú no sospechas* con el pianista gaditano Chano Domínguez y su trío.

— A Chano Domínguez lo conocí en casa de Martirio el día en que fui en busca de ella. Luego, lo aprecié musicalmente y lo tenía siempre puesto en mi casa cuando un buen día me llamó desde El Puerto de Santa María para decirme que después de haber escuchado un cassete que Martirio le había regalado con mis canciones, había decidido hacer un disco con música mía, pero con la condición de que yo la cantara. Yo me aterré, pero no pude convencerlo para que lo hiciera con una cantante porque él quería hacer lo suyo dejándose conducir por mi voz, ya que las canciones estaban en mi memoria. Cuando me dijo «cantas tú o no hay disco», decidí vencer el miedo y no me arrepiento porque fue una verdadera aventura que todavía no ha parado de abrirme caminos.

La música de Marta la han grabado reconocidos intérpretes del patio como Bola de Nieve, Vicentico Valdés, Fernando Álvarez, Pacho Alonso, Elena Burke, Pablo Milanés, Miriam Ramos, René Barrios, Miguelito Cuní, Sara González, Alina Sánchez, Argelia Fragoso, Haydée Milanés y en el extranjero ha estado en la voz de Cheo Feliciano, Martirio, Carmen Prieto, la Sonora Ponceña, entre otros.

La compositora se ha hecho acreedora de importantes lauros: Gran Premio en el primer concurso Adolfo Guzmán por «Canción eterna de la juventud», el Gran Premio Cubadisco 2001 en la categoría de canción.

Desde la memoria, sus ricos conocimientos no solo de la música sino también por experiencia de vida, Marta ha escrito notables libros como son los titulados *Donde vive la música* en el que la autora reflexiona sobre importantes figuras de nuestro contexto sonoro de ayer y hoy, así como otras apasionantes cuestiones del ámbito musical. Otros volúmenes editados son el de crónicas *Palabras*, que publicó la Uneac y el testimonio *La cuerda al aire*, de ediciones Matanzas.

# SI TE CONTARA, ÉXITO DE FÉLIX REINA

*Si tú supieras mi sufrimiento,*
*si te contara la inmensa amargura*
*que llevo tan dentro,*
*la triste historia que noche tras noche*
*de dolor y pena,*
*llena mi alma, surge en mi memoria*
*como una condena.*
*Si lo supieras, te importaría,*
*si te dijera que en mí ya no queda*
*ni luz ni alegría,*
*que tu recuerdo es el daño más fuerte*
*que me hago yo mismo*
*por vivir soñando*
*con que tú regreses arrepentida.*

Enriquecido por los aportes de la música popular que el mismo cultivó, el compositor Félix Reina nació en Trinidad, Las Villas, el 21 de mayo de 1921. Sus estudios musicales los comenzó con su padre y luego con Isidro Cintra, quien le aportó los conocimientos del violín. Reina perteneció a diferentes orquestas típicas de Trinidad y se estableció definitivamente en La Habana, donde su violín se hizo sentir en las charangas de José Antonio Díaz y América. La pieza «Si te contara» fue un *hit* de Fajardo y sus Estrellas, agrupación a la que también perteneció el autor.

Para algunos esta composición del maestro Félix Reina brotó a partir de la ruptura del creador con una cantante trinitaria con la que tuvo una relación amorosa, otros aseguran que la inspiró su novia oficial.

Si te contara fue grabado en 1969 por Elena Burke con una sinfónica bajo la batuta de Enrique Jorrín para la antología *Boleros de Oro*, de la Egrem. En su valoración el musicólogo Elio Orovio, expuso:

«Si te contara es un bolero–cha, que se inserta dentro de la música para escuchar, pero también puede bailarse, por supuesto. Es uno de los números que están ubicados en el olimpo del cancionero. La interpretación de Elena Burke acompañada por la orquesta bajo la dirección de Enrique Jorrín resalta aún más los valores de la pieza».

En el álbum póstumo *Mi sueño*, Ibrahim Ferrer nos conmueve tiernamente con su versión de «Si te contara». Omara Portuondo y Chucho Valdés la recrean en el CD *Desafíos*, grabado en 1998.

La obra la canta en su timbre aflamencado Diego El Cigala en su exitoso CD *Dos lágrimas*.

De este bolero-cha que ha recorrido el mundo también han hecho creaciones Panchito Riset, Rolo Martínez, Tito Gómez, Tito Rodríguez y, más reciente, Vania Borges.

Félix Reina disfrutó, además, de la celebridad con su danzón «Angoa», dedicado a Ricardo Benedit, habanero muy conocido en su época en los salones de baile por su forma elegante de vestir y ejecutar los danzones. Singular personaje fue empleado público, cartero y boxeador y, además, mazón y babalawo de la religión yoruba. Esa pieza, en México, con otra letra se popularizó como «La boa». Fundador de la orquesta Estrellas Cubanas, Reina compuso «En tu corazón», «Muñeca triste», «Si no estás tú», «Los jóvenes del silencio», «P'a bailar», «El niche», «Vuela la paloma», «Silver

Moon», «Y se llama Cuba», «Qué lindo es mi danzón»… Dirigió
su agrupación hasta el día de su muerte, el 10 de febrero de 1988.

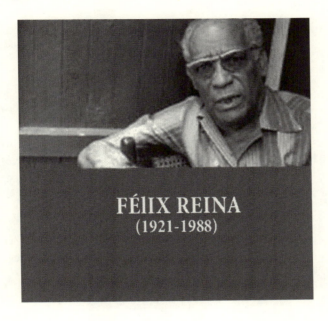

FÉlIX REINA
(1921-1988)

# JUAN FORMELL: EN TRES Y DOS

Mi conversación con Juan Formell, compositor y director de la orquesta Van Van, se inició con una pregunta: *¿Es cierto que no sabes bailar?* Dibujó una sonrisa y...

—Bueno, tanto como eso no. Yo interiorizo la música, la siento, visualizo los pasillos que lleva la coreografía; ahora, te digo la verdad, marco, pero cuando voy a bailar me enredo y no sé qué hacer con los brazos, ni las manos, cómo moverme...

*—¿Así que el hombre que ha puesto a bailar a multitudes no solo en Cuba sino en lugares diferentes del mundo, no tira buenos pasillos?*

—No me considero completamente zurdo; quizás me falte práctica, expresión corporal.

Juan Formell. Foto: *Revista* Mujeres

Reímos y pensamos que era mejor cambiar de tópico, entonces hablamos del buen resultado de la gira al Ecuador, especialmente invitado por su orquesta a los festejos por el aniversario de Quito y en los que el cantante Pedrito Calvo se metió al público en el bolsillo.

De su conexión con el público en Europa y Estados Unidos, comenta:

−Nunca hemos tenido problemas de comunicación en Europa; en algunos escenarios, donde hemos actuado, el público conoce ya los números y los corea; varias emisoras divulgan la salsa y nos incluyen, sin contar que en esos países hay muchas comunidades latinoamericanas. En cuanto a Estados Unidos, se ha trabajado más con la música tradicional, pero últimamente se está proyectando la de actualidad y los salseros graban temas de Adalberto y su Son, los míos y de otros autores cubanos.

−*¿Cómo logras tan rápida comunicación con el público?*
−Vivimos una etapa de mucha efervescencia y para el compositor no solo basta tener gracia para inspirarse en este tipo de música bailable. Necesitamos las motivaciones y éstas las va sugiriendo el pueblo. Aquí todo tiene un encanto especial, porque tenemos una riqueza de vida, una conducta condicionada por el temperamento, por nuestra idiosincrasia.

−*Y también somos caribeños, apunto.*
−Sí la raíz es la misma y la clave cubana está viva en otros géneros; no hay dudas de que el Caribe, con toda su diversidad, tiene una personalidad muy propia y en ella nos insertamos; es una mezcla de base africana y europea. De ahí que hay palabras del lenguaje, costumbres, hábitos, intereses, bailes e incluso las comidas que nos acercan. El disco *Nosotros los del Caribe* es un poco nuestro homenaje a esta región, una propuesta con varios ritmos como el gustado merengue.

−*A la distancia de los años ¿cómo ves a Juan Formell?*
−Más viejo que ayer.

−*Y más joven que hoy ¿no?*
*Dejamos los chistes a un lado y lo oímos.*

—Ha pasado mucho tiempo, la gracia natural no se pierde, sí hay mayor experiencia: el oficio logra que todo fluya con facilidad y pueda plantearme conceptos más elaborados, pues tengo en las manos ostros recursos expresivos. Lo importante es que no he temido a los riesgos; si este año sonamos de una manera y triunfamos, el próximo buscamos el cambio para no estancarnos.

*—Formell, ¿en qué periodo te encuentras actualmente?*
—Me pones en tres y dos; prefiero dejarles esas divisiones a los musicólogos que con sus conocimientos científicos clasifican, definen; lo que sí te digo es que voy a seguir evolucionando, es una característica de mi trabajo ampliar la caja de sonoridades, experimentar mirando al futuro, darle siempre algo nuevo a los bailadores.
—He tratado de hacer textos con chispa, con gracia y humor, reflejar lo que está sucediendo en la calle. La gente necesita historias, crónicas cotidianas y todo eso ha pegado fuerte.

Bajista, arreglista, compositor y director de orquesta, este hombre de sonrisa abierta revolucionó la música popular bailable con sus distintas innovaciones, con las que logró un timbre muy especial.

Timbero, salsero y porque no rumbero es toda una leyenda de nuestra música.

Los comienzos como casi siempre suele suceder fueron duros, pero no se amilanó. Del padre, aprendió los primeras lecciones mientras se llenaba de los contagiosos acentos de Matamoros, César Portillo de la Luz, José Antonio Méndez, del gran Arsenio Rodríguez, el Septeto Nacional con Ignacio Piñeiro al frente.

Vivió la eclosión de los Beatles, a los que no dudó en reverenciar. Música nueva con verdadera pasta creativa. Lo cautivaron Silvio y Pablo.

A los 16 años empezó a trovar de aquí para allá. Bajista de la banda de música de la Policía Nacional Revolucionaria, y músico un poco trashumante hasta que estuvo con las orquestas de Rubalcaba, Peruchín y Carlos Faxas con la que se inicia en la composición.

Con la Revé incorpora el bajo, la guitarra eléctrica, amplifica violines, chelo y añade a las cuerdas un tratamiento rítmico.

En el changüí, crea «una versión revitalizadora y moderna del clásico ritmo oriental». Surgía el aclamado Changüí 68.

Según el autor partió para este trabajo «de la sonoridad de las pailas que tocaba Revé, de los tumbaos en el piano, el sonido de la cajita china y del golpe en la tumbadora». Fue la risueña etapa de aplaudidas piezas como «El martes», «Yuya Martínez», «Que bolá que bolón», «La flaca»…

Otro momento muy creativo del compositor en la línea romántica lo asume Elena Burke, quien le graba «De mis recuerdos», «Lo material», y «Ya lo sé».

El 4 de diciembre de 1969, Formell funda su orquesta Los Van Van. Junto al percusionista Changuito, mezcla el son con beat y la música yoruba para dar vida al songo con acentos melódicos y armónicos diferentes. En el 82 introduce los trombones. Florecen números como «Llegué, llegué», «Chirrín, chirrán», «Ay, mamá recíbeme», «Por encima del nivel». Una de las piezas que más define esta etapa es «El baile del buey cansa'o», todo un clásico.

En 1986, en un aplaudido concierto Van Van se presentó en el Olympia de París con Rubén Blades y Los Seis del Solar. En 1989, hicieron otro en el Empire, de Londres. Al actuar en 1998 en Argentina fueron llamados Los Rolling Stones de la Salsa. Sonaron ese año en el Playboy Jazz Festival. En 1999, giraron por 28 ciudades de Estados Unidos, donde han continuado sus presentaciones.

En el 2000, obtuvieron el premio Grammy, en la categoría de salsa con su disco *Llegó Van Van Van Van is here*.

En diferentes etapas la orquesta ha contado con músicos excepcionales como José Luis Quintana, Changuito, José Luis Cortés, el Tosco y Cesar Pedroso Pupy. En lo vocal se han destacado Miguel Ángel Rasalps, Lele, Israel Sardiñas, Pedrito Calvo, Mayito, Robertón, Yeny, Mayito Rivera, Lele, hijo de Miguel Ángel, Mandy Cantero a los que ahora se ha sumado Vanesa Formell.

El autor hizo música para el teatro y el cine. Sus canciones son crónicas cotidianas y en muchas está presente el humor criollo.

Compuso, entre otras: «Anda, ven y muévete», «Aquí se enciende la candela», «Aquí el que baila gana», «El jueves», «El martes», «Ese es mi problema», «Yuya Martínez», «Eso que anda», «Esto te pone la cabeza mala», «La compota», «La Habana no aguanta más», «Llegada, llegué, llegué», «Marilú», «Me basta con pensar», «Felicítame», «Mi ritmo caliente», «Nosotros los del Caribe», «Pero a mi manera», «Que no me mires más así», «Esto si es distinto»,

«Qué pista», «Que se sepa», «Soy, soy un Van Van», «Sandunguera», «¿Y qué tú crees?» …

Una de sus melodías más gustadas es «Tal vez», que en un video canta con Beatriz Márquez:

> *Tal vez, si te hubiera besado otra vez,*
> *ahora fueran las cosas distintas*
> *tendría un recuerdo de ti.*
> *Pero tal vez,*
> *si tú hubieras hablado mi amor*
> *te tendría aquí a mi lado*
> *y sería feliz.*
> *Tal vez,*
> *si al despedirte de mí,*
> *tus manos tibias hubieran tocado*
> *mis labios diciéndome adiós*
> *Pero tal vez,*
> *si tu hubieras hablado mi amor,*
> *te tendría aquí a mi lado*
> *y sería feliz.*

En el programa televisivo *Nuestra Canción*, Formell se refirió a «Tal vez», de tanta significación en su catálogo autoral.

> Alrededor de los años setenta compuse esta obra que trata sobre la ruptura amorosa con una persona que se marchó sin despedirse. A pesar de ser personal, se convirtió en una historia común para miles de espectadores. Trascender es el sueño del compositor.
> No existe la distinción entre música bailable y no bailable. Todo se puede bailar y Tal vez no es una excepción. Ella tiene un poco de samba y salsa.
> Tal vez, nació espontáneamente y funcionó. Varios intérpretes han defendido esta composición. Omara Portuondo me acompañó en la original, que siempre tiene gran valor. Luego, la versionaron otros artistas, entre ellos Ray Barreto, un conguero que tenía su orquesta en Nueva York; Rochy me gustó su arreglo y el videoclip que realizó

Léster Hamlet; así María Bethania junto a Omara. Pero prefiero la versión en voz de Ivette Cepeda.

El primero de mayo de 2014, falleció Formell, el hombre que le dio una nueva dimensión a la música popular cubana. Hubo consternación en el pueblo que mucho lo admiraba y quería.

La historia del ensamble vanvanero no se ha detenido, ahora con la dirección del percusionista Samuel Formell han hecho nuevas grabaciones como las del CD *Legado*.

## Un tema que reverdece

«El baile del buey cansa'o», conga son, ha tenido una nueva concepción en el disco *Te lo dije* del pianista Harold López Nussa con un equipo en el que figuran notables músicos como Maikel González, Julio César González, Adrián López Nussa y el estelar Cimafunk como invitado.

Desde su creatividad, Harold se apropia de la pieza para rendir homenaje al Tren de la Música Cubana. Al paso de los años, el tema de Formell reverdece y está haciendo sensación en las redes sociales.

La orquesta mantiene su vigencia y la Egrem dio a conocer recientemente el álbum *Mi songo* con muy gustadas propuestas y donde la orquesta revisita temas de gran popularidad como «Anda, ven y muévete», «Sandunguera», «Recaditos no», «Azúcar», «Me gustas» y las ricas versiones de «Se muere de sed la tía», de Rodulfo Vaillant y «A una mamita» del rumbero Evaristo Aparicio, «El Pícaro». Asistido por Silvio Rodríguez, Formell se escucha en «A través de mis canciones».

# REMBERT EGÜES Y SUS POEMAS MUSICALES

Excelente compositor, Rembert Egües se inició con el grupo Los Chicos del Jazz. Y porque siempre hay una primera vez en 1965, la cantante Luisa María Güell grabó «Bachiana», en la que el compositor introduce la música de Bach en la canción popular cubana.

El habanero trabajó como vibrafonista y flautista del grupo Los Armónicos de Felipe Dulzaides. En 1967, creó el grupo Sonorama 6, con el que participó en el Primer Festival de la Canción Protesta. También dirigió la Orquesta Sinfónica Nacional, en la que actuó la cantante Alina Sánchez en el teatro Amadeo Roldán.

*Rembert Egües. Foto: Revista* Mujeres

Llevó la batuta en la orquesta del Gran Teatro de La Habana. En 1978 viajó a los Estados Unidos en la primera gira de Alicia Alonso y el Ballet Nacional de Cuba, BNC. En esa ocasión dirigió la orquesta del teatro Kennedy Cénter, de Washington, y la del Metropólitan Opera House, en Nueva York. Igual sucedió en actuaciones del BNC con sinfónicas de otras ciudades norteamericanas. En París, condujo la Sinfónica L'ile de France durante el Festival de Teatro de Les Champs Elisée. Además, la del teatro Bolshoi, en Moscú, la de Sofía en Bulgaria, la de Praga en Checoslovaquia, entre otras.

Compuso la música de la comedia musical *Cincuenta años de amor*, de Nelson Dorr, y la de las películas *Patakín* y *Señor Presidente*, de Manuel Octavio Gómez, también la de *Vampiros en La Habana* y *Más vampiros en La Habana*, filmes de animación de Juan Padrón.

Nombrado director titular y luego general de la Orquesta del Gran Teatro de La Habana, en su itinerario artístico se inscriben numerosos lauros, entre otros: Primer Premio de Canción en Sopot con la cantante Farah María,1972; Premio de Orquestación en el Festival Internacional de Sopot con la participación de Beatriz Márquez,1973; Primer Premio de Canción en el Festival de Sopot, Polonia, con Argelia Fragoso, 1978; Primer Premio de Coreografía en el Festival de Ballet, de Japón con el ballet Muñecos; Premio de la Popularidad, de orquestación y mención en el Festival Adolfo Guzmán con «Amar, vivir», interpretado por Beatriz Márquez,1980; Primer Premio del Festival de Newolah, Kanzas,1981; Primer Premio del Festival Adolfo Guzmán, interpretación de Beatriz Márquez,1983; Premio de orquestación en el Benny Moré, 1983 y los de orquestación en los Festivales de Sopot, Polonia y Ulán Bator, Mongolia.

Como director y pianista ha trabajado en el cabaret–restaurante Les Trois Maillez, en París, Durante esa etapa obtuvo discos de oro por su labor en los álbumes del cantante francés Danny Brillant.

Rembert ha hecho exitosas giras con el espectáculo *Soy de Cuba* por varios países europeos.

En la lírica amorosa, una de las canciones más aplaudidas de Rembert es «Perdóname este adiós».

*Te hablé de tener verbos que compartir*
*En un poema, una canción o un decir*
*Te hablé de tener besos para golpear*

*Contra las aves de tu boca y mi mar*
*Te hablé de alguna cosa tonta y quizás*
*Te hablé de amar. pero no te hablé de amor*
*Por ti, piénsalo bien y entenderás*
*Que no es preciso una pasión para estar*
*Que solo basta con gustarse y andar*
*Que sí hay dos pasos para hallar el amor*
*Al menos uno que ninguno es mejor*
*Que no hace falta complicarse y, en fin*
*Que no es amor lo que yo siento por ti*
*Ya ves, hablarte asi es no mentir*
*Yo te dije del dolor que dejó en mi un amor hace ya mucho tiempo*
*Te expliqué no trataras por eso de encontrar en mis beso tu dicha*
*y tu soñar,*
*Toda la eternidad, la gran felicidad de dos enamorados*
*Porque es más inmenso el pasado que el amor a tu lado*
*Y al no poder lograr que entiendas mi verdad*
*Te tengo que dejar*

*Comienzo a hacerte daño*
*Ya lo ves, siempre he sido muy sincero contigo*
*Por favor, perdóname este adiós*
*No te puedo hacer feliz*
*Porque tú buscas en mí lo que yo no he encontrado*
*Porque es más inmenso el pasado que el amor a tu lado.*
*Y al no poder lograr que entiendas mi verdad*
*Te tengo que dejar*
*Comienzo a hacerte daño*
*Ya lo ves, siempre he sido muy sincero contigo*
*Por favor, perdóname este adiós (Bis)*
*Adiós, adiós, adiós, adiós...*

Una valoración sobre este compositor, me la ofreció la poeta Nancy Morejón:

> Lo que se hereda no se hurta, dice un viejo refrán. Nacido en una familia de maravillosos músicos de atril, Rembert Egües es un signo seguro de sensibilidad, oficio y rigor. Habiendo cumplido infinidad de tareas civiles al servicio

de la mejor difusión de la música cubana del siglo XX, su talento creador siempre fue una prioridad suya, aunque la compartiera, por ejemplo, con la dirección de orquesta, en especial la del Ballet Nacional de Cuba.

Desde su adolescencia, con solo catorce años de edad, Rembert incursionó en el jazz con éxito, habiendo sido un fiel intérprete del repertorio de George Shearing tocando el vibráfono junto a Sergio Vitier, en el conjunto de Felipe Dulzaides en una temporada estable en el Salón Internacional del hotel Riviera, de La Habana, durante la década de los sesenta. Quizás esta experiencia inigualable lo haya convertido en el compositor que es. Como sabemos, Rembert ha compuesto para el cine, la televisión, el teatro lírico y la radio.

Una de sus grandes virtudes profesionales es su condición de orquestador. No hay un orquestador de su calibre, de su eficacia y de su probado buen gusto. Así lo prueba el tema que compuso para el espacio *Intérpretes cubanos*, que creara para la emisora radial CMBF el músico Juan Piñera.

Oír sus canciones, escucharlo acompañando al piano a inolvidables cantantes, conversar con él sobre lo humano y lo divino, es algo que no puede faltarme en la vida. Su música es un constante disfrute y un aporte innegable al tesoro del arte cubano en nuestros días.

# HABLEMOS DEL FILIN

# LAS PRIMICIAS DE LUIS YÁÑEZ

En muchas ocasiones he recordado mi encuentro en la Egrem con el compositor Luis Yáñez, uno de los muchachos del filin, quien se sentía muy orgulloso de todo lo que había vivido dentro de ese movimiento renovador de la canción. El nuevo modo plasmó una estructura distinta, que rompía con los cánones establecidos tanto en lo melódico como en el aspecto armónico.

A partir de un lenguaje más coloquial, dio libertad al intérprete para decir la canción por lo que el mensaje se hacía más íntimo. De aquellos inicios surgieron luego exitosos autores como José Antonio Méndez, César Portillo de la Luz, Ángel Díaz, El Niño Rivera, Armando Peñalver, Jorge Mazón y Ñico Rojas, entre otros.

De ese tiempo, Luis Yáñez, me confesaría:

−Hacia la década del cuarenta un grupo de jóvenes se unió en un movimiento denominado *feeling* (filin), desarrollado principalmente en el sector urbano. La influencia de la industria discográfica, el cine, los impresionistas franceses y los clásicos del jazz enriqueció de manera notable el trabajo de estos compositores y compositoras tanto en lo melódico como en el aspecto armónico con un tratamiento más amplio y complejo. El lenguaje se volvía más coloquial, lo que permitía una comunicación de mayor intimidad del intérprete con el público. La generación del filin tomaba además elementos del tap dance.

−Por esa época estaban de moda estrellas como Ella Fitzgerald, Helen O' Connor, Jean Ruschin, Billie Holliday, Nat King Cole y Cab Calloway, entre otras muchas. Los discos de estos artistas llegaban de la mano de marineros negros, pertenecientes a las tripulaciones de los barcos de turistas que visitaban la capital cubana. Ellos llamaban rockolas a las primeras victrolas traganíqueles.

−En las audiciones de los discos se hacía un silencio tremendo; todo el mundo se concentraba «vivía la música», pero si alguien interrumpía aquellos marineros exclamaban: *Hey, man, you don't have feeling*, algo así como «Eh, tú no tienes sentimiento». Otra vez íbamos con Isolina Carrillo y el resto del grupo a los muelles, donde metíamos nuestras descargas. El jazz comenzó a llenar el ambiente musical cubano. Proliferaron orquestas dentro de ese estilo como Swing Boys y la American Swing.

—Un día estábamos en casa de Bruno Guijarro, en Pogolotti, donde oíamos a una cantante norteamericana llamada Maxime Sullivan, de poca, pero melodiosa voz. Varias veces en el texto de su canción *I gotta feeling* repetía esa última palabra. Ella se refería a alguien que no tenía sentimiento y esto la hacía sentirse triste, sola, sin alas para expresar la alegría. Esto y las frases de los norteamericanos negros nos dieron la clave del *feeling*, (filin) un vocablo que acuñamos para todo. Lo que nos gustaba, decíamos tiene filin. El tratamiento lo aplicábamos a la forma de vestir; si alguien vestía bien, enseguida: ¡Qué filin! Esto se incorporó luego al estilo de una canción que empezamos a cultivar espontáneamente bajo distintas influencias.

Los muchachos del filin tenían un refugio muy cálido en casa del viejo trovador Tirso Díaz, en el Callejón de Hammel, donde había un rico ambiente trovadoresco, que también los marcó. Junto al muy joven Ángel Díaz se reunían José Antonio Méndez, César Portillo de la Luz, Armando Peñalver, Jorge Mazón, Justo Fuentes, Rosendo Ruiz Quevedo, Ñico Rojas…Se sumaron Aida Diestro, Frank Emilio, Tania Castellanos, Dandy Crawford y Francisco Fellove, quien según Leonardo Acosta fue «el creador de un scat con fraseo cubano».

De los primeros números que alcanzaron popularidad están «Contigo en la distancia» y «Delirio», de César Portillo de la Luz y «La gloria eres tú», «Quiéreme y verás» y «Soy tan feliz», de José Antonio Méndez. Otros que en esa línea gustaron fueron: «Tú, mi rosa azul», de Jorge Mazón; «Si me dices que sí», de Armando Peñalver; «Carnaval de amor», del Niño Rivera; «Tú, mi razón», de Pablo Reyes; «Mi ayer», de Ñico Rojas, «Oh, vida», del binomio de Luis Yáñez y Rolando Gómez, «Derroche de felicidad», de Jorge Zamora y Armando Guerrero, con «Todo aquel ayer». Surgieron creadores como Tania Castellanos con su «Inmensa melodía»; Piloto y Vera, «Duele» y «Perdóname conciencia»; Frank Domínguez, «Tú me acostumbraste»…

Los jóvenes del filin, gente humilde, estudiantes o trabajadores con diversos oficios, acostumbraban para llamarse usar el bellísimo tema «Rosa mustia», de Ángel Díaz. Se despedían con «Hasta mañana, vida mía», de Rosendito Ruiz.

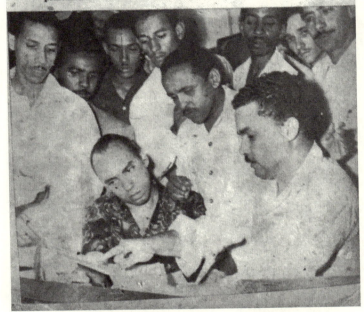

Luis Yañez, autor de "Oh, Vida". José Antonio Méndez, autor de "La Gloria eres tú". Agustín Ribot, autor de "Con la Lengua fuera". Rosendo Ruiz, autor de "Hasta Mañana Vida mía". Orestes Santos, autor de "Señora", y otros compositores todos ellos popularísimos, muestran a Don Galaor la lista que contiene más de 400 firmas de autores pidiendo la creación del Instituto Cubano del Autor.

145

Foto: www. desmemoriados.com / Jugar con candela: la editorial Musicabana

Cantaron filin Miguel de Gonzalo, Reynaldo Enríquez, Pepe Reyes, Ela O'Farrill, Roberto Jaramil, Elena Burke, Omara Portuondo, Moraima Secada, Fernando Álvarez, Marta Justiniani, René Ferrer, Ezequiel Cárdenas, Regino Tellechea, Luis García, Bobby Jiménez, Leonel Bravet y Oscar Martin. Muy aplaudidos fueron también Los Cavalieres, que integraron Ramiro de la Cuesta, Gilberto Valdés Zequeira, Regino Tellechea y Rafael Brio, Felo. El grupo participó en el LP Reminiscencias que grabó el bolerista Luis García para la RCA, Víctor en 1957.

Posteriormente, lo hicieron suyo, Pablo Milanés, el cuarteto de Meme Solís, Los Modernistas con Lourdes Torres y Doris de la Torres con los Armónicos y el exitoso Cuarteo de las D'Aida.

Luis Yáñez formó en 1940 un binomio autoral con Rolando Gómez con obras como «Esperaré mi día» y «Solo en mi soledad», a las que siguieron «Fiesta de amor», «Déjame olvidarte», «Nuestro sentimiento», «Al fin estoy enamorado», «Nuevas ansiedades» y «¿Qué ambicionabas tú?», que Vicentico Valdés convirtió en *hit*.

Muchos de sus boleros se escucharon en las voces de Chela Campos, Toña la Negra, Pepe Reyes, Miguel de Gonzalo... en registros para distintos sellos como Panart, Seeco, Musart, RCA Victor, Columbia y la Egrem.

Con su Banda Gigante, nuestro Benny llevó a su discografía «¡Oh, vida!» y »Me miras tiernamente», de Yáñez y Gómez.

### ¡Oh, vida!

*Oh, vida, si pudiera*
*vivir la feliz noche*
*en que los dos supimos nuestro amor,*
*mi bien.*
*Sentir que nuevamente*
*es mío tu cariño,*
*saber que eres de mí también*
*por siempre.*
*Este tiempo sin tus besos*
*yo sufro*
*son mis horas de agonía*
*sin ti.*
*¡Oh, vida no te alejes!*
*Yo sé, no has comprendido*
*con qué sublime intensidad, mi bien*
*nos quisimos.*

Lo cierto es que Yáñez, como otros filineros, le dio un vuelco tremendo a nuestra cancionística. Nacido en La Habana en 1920, el notable autor falleció en su ciudad natal en 1993.

## Otras cuestiones filinescas

No todo fue miel en el filin, también censurado por los que veían en este movimiento una corriente extranjerizante.

Declaraciones del doctor Jorge García Galló cuestionaban a la compositora Ela O'Farrill acerca de sus canciones «Adiós felicidad» y «Ya no puedo llorar» a las que tildaba de «exponer sentimientos mezquinos» y que tenían títulos que «podían ser utilizados para hacer campaña contrarrevolucionaria», motivó en la Biblioteca Nacional, el Fórum sobre *Feeling*, organizado por la Uneac y que contó con Alejo Carpentier como moderador. Uno de los paneles estuvo integrado por César Portillo de la Luz, Roberto Valdés Arnau, Adolfo Guzmán y Argeliers León.

Los argumentos de los detractores de esta música fueron exhaustivamente analizados y condenados. Alejo Carpentier, expresó:

> Hoy se nos dice que el *feeling* trae una serie de influencias (…) La historia de la música cubana ha demostrado que siempre las influencias son vencidas por la profunda fuerza de la cubanía, por la vitalidad de nuestro acento y vitalidad de nuestros intérpretes (…) El *feeling* se ha estado envolviendo últimamente en una atmósfera crítica, misteriosa, de iniciados, de capillas, se habla de gente que se va enfermar con el *feeling* (…) ¿ no habrá reaparecido el personaje misterioso del picúo tras el *feeling*, para desgracia del *feeling*.

En su libro *En ritmo de bolero*, José Loyola Fernández, define:

> El filin constituye un momento crucial en el proceso de desarrollo de la cancionística cubana y en la evolución histórica del bolero. Con la aparición del filin, el bolero experimentó cambios armónicos, melódicos, estructurales, expresivos y de contenido literario, que lo condujeron a una modernización de alcances revolucionarios en su concepción artística. A partir de ese momento el bolero fue otro, tanto desde el punto de vista composicional, como interpretativo. Su influencia no solo se reflejó en

el ámbito nacional de la canción, sino y también en la creación musical de compositores de otros países, algunos de los cuales se acercaron estilísticamente a esta corriente renovadora como en México con Mario Ruiz Armengol, Vicente Garrido, Álvaro Carrillo y Armando Manzanero, entre otros.

# ELLAS, LAS FILINERAS

Desde sus inicios fue muy importante el aporte femenino al movimiento filin, tanto como intérpretes o autoras, pero no podemos olvidar a otras mujeres que con su entusiasmo y entrañable amor participaron en ese movimiento hacia una modalidad diferente de la canción. En sus hogares se daba cita aquella juventud que con sus guitarras y voces iban creando un auténtico lenguaje musical y poético, que transgredía las estructuras hasta entonces utilizadas. Imposible olvidar entre ellas a Panchita, a quien apellidaban Swing y a su hermana María; a las Martiatu, Estelita y Eva, que residían en San José entre Lucena y Márquez González, a las Consuegra: Gloria y Silvia, con casa en el Cerro, y de cuya iniciativa surgiría posteriormente el Club del Filin, inaugurado a todo bombo y platillo por la orquesta de Arcaño y sus Maravillas y los sabrosos danzones de Orestes López y su hermano Cachao. De todas formas, siempre todos regresaban a la casa del Callejón de Hammel del cantautor Tirso Díaz con sus hijos Ángel y Tirso, cuna del filin.

Por aquella época los músicos comenzaron a agruparse también en casa de Teté Vergara o de Isolina Carrillo, donde se hacían tertulias artísticas; mucho gustaba de aquellos encuentros Paulina Álvarez. La Emperatriz del Danzonete. Se fueron sumando Omara y Haydée Portuondo, a quienes llamaban las Tailumas, pues en su dúo interpretaban la canción Tailuma, que las Hermanas Lago, habían popularizado. En esas descargas, lo mismo podías encontrarte a Portillo de la Luz, José Antonio Méndez, Justo Fuentes, al Niño Rivera que a Elena Burke, a La Mora o a Aida Diestro, acompañada de su hermana Tati.

Hoy en el olvido, Olga Rivero fue de las primeras cantantes profesionales que cantaron filin y, quien, en su momento, según Cristóbal Díaz de Ayala, compartió con Olga Guillot en popularidad cuando esta comenzaba en su carrera artística.

El filin tuvo su continuación en compositoras como Marta Valdés, Marta Justiniani, Doris de la Torre, Ela O'Farrill...

## Palabras de la justiniani

En mi entrevista con la cantante y autora, Marta Justiniani, rememoró:

–Conocí muy joven a José Antonio, César, al Niño Rivera y a un locutor muy querido por todos nosotros, Manolo Ortega, quien también hizo sus incursiones como compositor dentro del filin e inclusive tenía canciones muy lindas.

Nos reuníamos a veces en mi casa, que era muy pequeña y como éramos tantos, nos sentábamos en una rueda en el suelo. Enseguida empezábamos a descargar. Había una cosa muy agradable en aquel ambiente de gente que cultivaba el filin: el cariño que nos teníamos. En ocasiones nos enfrascábamos en competencias muy fraternales para ver quién componía más, era como una especie de controversia, pues nos retábamos con canciones. Tengo muchos recuerdos de aquel tiempo. Me encantaba ver al Niño Rivera tocando el tres, también a José Antonio con su voz ronca, pero, sin dudas, maravillosa, a César, el más serio del grupo. Interpreté las canciones de ellos y lógicamente las mías. Recuerdo que me aprendí una de César que me gustaba mucho, la titulada Vicky.

La Justiniani nació el 2 de diciembre de 1931, en La Habana. Se formó musicalmente con grandes maestros como Adolfo Guzmán, quien siempre la tuvo entre sus intérpretes favoritas, Esteban Antúnez, quien le enseñó guitarra y Vicente González Rubiera, armonía. Precisamente este maestro, alabó su hermoso timbre y su afinación «que debemos llamar absoluta».

En 1936, ella, se inició con su hermano Alfredo en la compañía infantil de Roberto Rodríguez y se presentaron en *La Corte Suprema del Arte*, en un aplaudido dúo de guitarra, que ganó el primer premio.

Posteriormente, ella trabajó en varias emisoras de radio. Participó en el Festival de la Canción Varadero 65 con una constelación de intérpretes cubanas.

*Marta Justiniani*

Marta fue de las artistas que cantó en el programa *Te doy una* *canción* con interpretaciones de la trova tradicional, el filin y la Nueva Trova.

Su voz se dejó escuchar en importantes eventos en el extranjero como el VI Festival Internacional de la Canción Orfeo de Oro, Bulgaria y donde con Tony Taño grabó dos discos para el sello Balkanton.

Marta, autora de «Mi última ilusión» y «Siempre vivirás» en mí, compartió los escenarios con notables artistas como Frank Domínguez, cuyas obras se deleitaba en interpretar.

La artista falleció el 3 de febrero de 2015, en La Habana.

## Con Tania Castellanos

En «Nosotros» se titula esta canción de Tania Castellanos creadora de bellas páginas musicales en el estilo filin. Lo compuso al ausentarse de Cuba, su compañero el dirigente sindical de los obreros Lázaro Peña.

*Cuando te vayas de mí*
*muy quedo*
*te seguirá mi canción*
*del alma,*
*tendrás mi eco de amor*
*en tu recuerdo,*
*por eso en vano te irás,*
*me seguirás queriendo.*
*Y si vagando sin mí*
*a solas*
*ves una estrella cruzar*
*la noche,*
*es que te dice por mí*
*te amo*
*y que tú sigues en mí*
*viviendo.*

Ella se llamaba realmente Zoila Castellanos Ferrer y su obra tiene gran influencia, sobre todo, de José Antonio Méndez.

Trabajadora de la fábrica textil El Universo, desde muy joven se sintió motivada por la cultura; por eso, se dedicó a realizar actividades sobre todo musicales en las que la acompañaba un pianista llamado Ignacio Villa, que luego alcanzó inmensa fama con el nombre artístico de Bola de Nieve.

—Yo fui una de las últimas en incorporarme al grupo filin. Hacíamos distintas colectas entre los portuarios de Regla, los trabajadores textiles y de otros sectores. Los sábados llevábamos esas recaudaciones al Partido Socialista Popular. Una vez, el donativo se hizo en la emisora Mil Diez. Recuerdo que pasé por un estudio y me impresioné vivamente con la música que de allí salía. Los reunidos eran César Portillo de la Luz, José Antonio Méndez y Aida Diestro. Enseguida entré en contacto con ellos y descubrí que la línea de la canción que ellos interpretaban era la que realmente me llenaba.

—Me convertí en miembro de aquel grupo que estaba formado por obreros, estudiantes, gente muy pobre, en su mayoría negros, que gustaban de la música. Allí estaban también Elena Burke, El Niño Rivera, Yáñez y muchos más. Durante el asalto y clausura de la emisora Mil Diez, el grupo se mantuvo unido y participó en las denuncias contra aquel atropello. Fue así que comenzó a ser influido por los conceptos políticos de Lázaro Peña, él nos enseñó a organizarnos. Fundamos una especie de cooperativa que fue una editora: Musicabana.

Tania, no solo tocó los asuntos amorosos, sino también los de contenido social entre los que se destacan «Cuba corazón de nuestra América», y «¡Por Ángela!». Ganó un concurso por el Día de las madres con su obra «Madre mambisa». Su catálogo autoral incluye: «No como ayer», «Si fuera cierto», «Tú pensarás en mí», «Evocación», «Inmensa melodía», «Basta recordar», «Como te siento yo», «Canción a mi Habana», «Canción de los niños», «Por los Andes del Orbe», «Vuélvete a mí», «Recordaré tu boca», La canción de las chavetas, Me encontrarás, Desde Yara hasta la Sierra. La interpretaron Los Modernistas. La habanera Tania Castellanos nació el 27 de junio de 1920, en Regla, y dejó de existir en su ciudad natal el 8 de diciembre de 1988.

En este recuento no puedo dejar de mencionar a Grecia Domech, (1921-1955), a quien Marta Valdés ha considerado «como una de las más auténticas cultivadoras del estilo filin de la canción cubana». Esta habanera tocaba el tres, el piano, la guitarra e instrumentos de percusión menor. Constituyó el grupo infantil Cubanacán junto a varios de sus hermanos y debutaron en el Teatro Nacional, (hoy Gran Teatro Alicia Alonso). Con sus hermanas Francia y África también formó el Trío Aloima. Grecia tocó el piano en el conjunto del Niño Rivera. Creó los boleros «No serás de mí» y «Dónde está mi corazón».

Otra notable filinera René Barrios, se destacó como intérprete de las composiciones de Marta Valdés. Fue pianista e integró un dúo con Nelia Núñez con presentaciones en el cabaret Tropicana, en las descargas del St John's, hicieron furor en El Gato Tuerto y en diferentes clubes, giras y TV. El dúo estuvo entre los artistas más destacados de 1960. Posteriormente, René inició una carrera como solista y se radicó primero en Puerto Rico y, finalmente, en Miami. Es autora de «Inconsciente corazón» y «Desde que estás».

Su discografía incluye (Todos LP): Calor y sentimiento en la voz de René Barrios, Puerto Rico, 1962; Curet Alonso presenta el mucho feeling de René Barrios, Puerto Rico, 1972; Cuba en la lejanía, Puerto Rico, 1976 (Todos CD en colectivo): Encuentros. René Barrios, Miami, 1989; Bolero-jazz, Miami, 1991.

Intérpretes de ayer y hoy cantaron filin: Mercy Hernán, Doris de la Torre, Marta y Daisy, Las Capellas, Vilma Valle, Francis Nápoles, Daisy Ortega, Ela Calvo. Arropada por César Portillo de la Luz, José Antonio Méndez y Angelito Díaz, Elsa Rivero subyugó en El Rincón del Filin, donde tuvo un público admirador que la seguía. Posteriormente, se radicó en Barcelona, donde siguió su carrera con presentaciones en importantes festivales de boleros. Aunque olvidada, por derecho propio, tengo que citar a Maggie Prior, notable jazzista, quien además se hizo sentir como filinera. Personalísima en su estilo fue una atracción en hoteles como el Capri en el espectáculo *La caperucita se divierte* y en clubes de la zona del Vedado como el Sky, Scherezada…Vivió particularmente las noches bohemias de El Gato Tuerto, donde su voz fue disfrutada incluso por el notable escritor argentino Julio Cortázar, durante una de sus estancias habaneras; de esa relación quedó el poema *Blues para Maggie*, según refiere la escritora e investigadora Rosa Marquetti en su extraordinaria crónica Bewitched. *Buscando a Maggie Prior.*

*Tania Castellanos*

# JOSÉ ANTONIO, EL RONCO MARAVILLOSO

El compositor e intérprete habanero José Antonio Méndez, con su acento áspero y dulce a la vez, cantó a las ternuras del amor o al hastío de la soledad. Lo bautizaron como El ronco de oro y su voz matizó muchas canciones dentro del filin, del que es uno de los máximos cultores.

–Todo comenzó un día en mi casa del reparto Los Pinos, cuando el famoso guitarrista Ñico Rojas, feliz autor de «Mi ayer», me visitó y dijo: «Hay unos muchachos que interpretan la música como tú». Así me llevó al Callejón de Hammel, donde amenizaban alegres descargas Ángel Díaz, César Portillo de la Luz, el Niño Rivera, Justo Fuentes, Luis Yáñez y otros; muy pronto comprobé que entre nosotros había afinidad. A partir de ese momento pasé a ser uno más de aquel grupo que, posteriormente, se llamó del filin. Luego, se nos unieron la gorda Aida Diestro, Omara Portuondo, Frank Emilio y más tarde Tania Castellanos, Elena Burke, Moraima.

–Fue la etapa del Niño Rivera, el que se dio a conocer en México con «El jamaiquino», en la voz del increíble Fellove; sería el inmenso tresero el que después orquestó números míos como «Tú, mi adoración» y «Quiéreme y verás», que el Conjunto Casino lanzó a la popularidad. También fue la época de Mil Diez con el locutor Ibrahim Urbino, Olga Guillot, y cuando empezó a sonar el número de Chano Pozo: «Si no tienes filin no vayas a la rumba», que causó furor…Allí, en aquella emisora estaban también los grandes maestros: Adolfo Guzmán, Mantici y Guerrero ¡Un fenómeno de artistas!

José Antonio Méndez, El King, como además fue nombrado, recreó sus propias canciones dentro del movimiento del filin. En nuestra conversación me recordó con nostalgia los días de su juventud cuando integró el trío Xochimilco, con un repertorio amplio de rancheras, o el tiempo en que, con Frank Emilio, Omara, Leonel Bravet y otros formaron el grupo Loquibambia.

—El sueño de mi madre era que yo me hiciera Ingeniero Agrónomo, la música era mero entretenimiento. Siempre he dicho que hice mi bachillerato a pie y, es muy cierto, no había dinero para el pasaje. Como tocaba la guitarra y la situación era difícil, suplenteaba en la Academia de baile de Pompilio, en Marianao, donde me pagaban 60 centavos de lunes a viernes y 1.20 los sábados, por ser el día de moda.

*José Antonio Méndez en televisión*

Hubo un tiempo que para subsistir ayudaba al padre a barnizar muebles y hasta fue albañil en la obra de construcción en el Paso Superior, donde se enfermó de los nervios y compuso «Se cansa uno».

José Antonio componía desde los trece años y su primera obra se tituló «Por mi ceguedad».

En 1940 a instancias del cantante Pepe Reyes, se estableció en México. Salió en un barco italiano de carga con boleto de tercera y unos cuantos pesos en el bolsillo, recogidos entre las amistades.

—Desembarqué por Veracruz y de ahí hasta la capital, donde ya algunos artistas habían grabado «La gloria eres tú». Tuve que marcharme por la mala situación económica en Cuba. Por cuatro de mis composiciones consideradas *hits*, recibí un cheque de cuatro pesos en concepto de derechos autorales ¿Puede un hombre vivir con eso?

En México tuvo amigos solícitos como la rumbera cubana Ninón Sevilla, siempre dispuesta a ayudar a sus compatriotas. Le ofreció su casa y le gestionó contratos. Los Tres Diamantes grabaron «La gloria eres tú» que pronto se popularizó e incluso ganaron un Disco de Oro. Además, la incorporaron a su repertorio otros artistas. Pedro Infante, la canta en el filme *Dos tipos de cuidado*.

> *Eres mi bien lo que me tiene extasiado*
> *porque negar que estoy de ti enamorado*
> *de tu dulce alma que es todo sentimiento.*
> *De esos ojazos negros de un raro fulgor*
> *que me dominan e incitan al amor*
> *eres un encanto, eres mi ilusión.*
> *Dios dice que la gloria está en el cielo,*
> *que es de los mortales el consuelo al morir*
> *desmiento a Dios porque al tenerte yo en vida*
> *no necesito ir al cielo si tú*
> *alma mía, la gloria eres tú.*

Por problemas de emigración, José Antonio tuvo que viajar a Guatemala donde lo sorprendió el golpe contra Jacobo Arbenz. Luego regresó a México y tuvo un contrato con la Victor para su primer disco, cuya placa se había grabado antes en los estudios de la CMQ, radicados en Monte y Prado.

De los que cantaban su música, me dijo:

–No tengo preferencia por ninguno en especial, cuando alguien canta una canción mía la satisfacción es inmensa. Eso me honra, me gusta todo aquel que sea capaz de creer en mi música. Cada cantante, tiene su estilo, su expresión, que yo respeto.

Afirmaba mi entrevistado que todas sus canciones nacieron de la inspiración «porque la música no se puede fabricar. Diría que fueron el reflejo de cien estados de ánimos diferentes».

–En cuanto a la interpretación, muchos me han preguntado de qué tengo voz y siempre respondo de persona. Yo interpreto la canción como la siento, como nace de mi sensibilidad, del mensaje que proyecto. La expreso a partir de mis sentimientos y, ¿acaso el filin no es eso?

José Antonio, fallecido en 1989, es autor de numerosas piezas: «La gloria eres tú», «Quiéreme y verás», «Cemento, ladrillo y arena», «Ayer la vi llorar», «Soy tan feliz», «Sufre más», «Novia mía», «Decídete», «Tú mi adoración», «Por nuestra cobardía», «Mi mejor canción» y «Ese sentimiento que se llama amor». De este compositor, el cantante Pedro Lugo, El Nene, canta en su estilo «Me faltabas tú», en un disco de igual nombre.

*José Antonio Méndez*

# AL CÉSAR LO QUE ES DEL CÉSAR

Contigo en la distancia es una de las canciones cubanas más versionadas en el mundo. Su autor César Portillo de la Luz tiene una extensa obra atesorada en nuestro patrimonio musical. Figura emblemática del filin, pudo el artista en su larga vida saborear el triunfo de una carrera iniciada a principios de los años cuarenta cuando un grupo de jóvenes dio un feliz giro a nuestra cancionística.

### Contigo en la distancia

*No existe un momento del día,*
*en que pueda apartarte de mí;*
*el mundo parece distinto*
*cuando no estás junto a mí.*
*No hay bella melodía*
*en que no surjas tú,*
*ni yo quiero escucharla*
*cuando me faltas tú.*
*Es que te has convertido*
*en parte de mi alma,*
*ya nada me conforma*
*si no estás tú también.*
*Más allá de tus labios*
*del sol y las estrellas,*
*contigo en la distancia*
*amada mía, estoy.*

Habanero, nacido en 1922, fue pintor de brocha gorda y comenzó su vida artística con un trío, que integraban Cheo Herrera e Ignacio Herrera.

Amante del cine, Portillo disfrutaba las bandas sonoras de filmes norteamericanos que le mostraban un amplio caudal de sonoridades.

Según, ha dicho, como el jazz ya estaba en su interés bebió del modo de hacer guitarrístico de orquestas como las de Glen Miller, Tommy Dorsey, Benny Goodman y Gene Krupa. La riqueza armónica que encontró en su contacto con la música de Debussy, Ravel y otros lo acercaron al impresionismo que también lo influyeron a la hora de componer.

El intérprete y autor ha expresado que su influencia mayor fue el guitarrista Vicente González Rubiera, Guyún, quien le abrió un mundo inédito de posibilidades para la creación.

Los del filin rompieron con la canción llorona, que exalta el sufrimiento y, sin abandonar la lírica de aquellos viejos trovadores al estilo de Sindo, Villalón y Corona volcaron en sus temas una poética que respondía a la nueva realidad vivida.

Como ha destacado el propio Portillo el advenimiento del cine sonoro, el desarrollo alcanzado por la radiodifusión y la industria discográfica amplió entre la gente del filin el pensamiento artístico y musical. La etapa los preparó para la renovación del cancionero cubano a partir de otros conceptos tanto en el aspecto musical como el literario.

–Cuando escribo «Contigo en la distancia», en 1946, creo que ya había alcanzado un nivel importante en este sentido. Esta canción marca el principio de mi vida profesional y de una personalidad particular desde el punto de vista estilístico en el quehacer compositivo. «Contigo en la distancia» es una canción que escribo cuando tenía 24 años, una edad en que en la vida del hombre todo se expresa con vitalidad, con fuerza, con pasión. Y, lógicamente, en este caso me enamoré de una mujer con la que tuve afinidad en aquel tiempo, una mujer de gran sensibilidad frente a la música; al fin de cuenta esta es la anécdota, el leitmotiv (…)

La primera grabación de «Contigo en la distancia» la hizo, en 1947, el *crooner* mexicano Fernando Fernández, quien posteriormente la cantó en el filme *Callejera*. Luego, con orquestación de Mario Ruiz Armengol ganó mucha difusión en la voz de Andy Rusell.

Aunque, con anterioridad, Portillo había dado a conocer «Realidad y fantasía», grabada por Roberto Faz con el Conjunto Casino, es «Contigo en la distancia» la que lo consagra definitivamente como autor. Al paso del tiempo la han grabado Elena Burke, las Hermanas Lago, Roberto Faz, Pablo Milanés, Plácido Domingo, la Sinfónica de Londres, Nat King Cole, Johnny Mathis, Los Tres Ases, Marco Antonio Muñiz, Guadalupe Pineda, Luis Miguel y Cristina Aguilera, entre otros.

Durante su larga trayectoria Portillo cantó en varios programas radiales e incluso el titulado *Canciones del Mañana* con César y Rebeca (Rebeca llamaba el compositor a su guitarra). Hizo apariciones en la TV, trabajó en clubes, viajó y, sobre todo, siguió enfrascado en la composición en la que creó melodías de amor, sones y canciones de contenido social.

Una de sus más significativas obras es «Noche cubana».

*Noche cubana, morena bonita*
*de alma sensual,*
*con tu sonrisa de luna*
*y ojos de estrellas.*
*Voz de susurro de frondas*
*y arrullo de mar,*
*besa tu brisa y tu abrazo*
*es calor tropical.*
*Noche criolla,*
*quien junto a ti no quisiera soñar,*
*quien a la luz de tu dulce sonrisa*
*no quiere besar.*
*Negra bonita, de ojos de estrellas*
*en tus brazos morenos*
*quiere vivir un romance*
*mi alma bohemia.*

De esta página, me dijo la poeta Nancy Morejón, Premio Nacional de Literatura 2001.

162

César Portillo de la Luz es una señal inolvidable de la cultura cubana porque compuso no solo canciones, ya clásicas del repertorio cubano como «Tú mi delirio», «Canción de un festival», entre otras, sino «Noche cubana», favorita de numerosas generaciones isleñas y continentales. El mundo entero la reconoce como una de las obras más hermosas convertida casi en un madrigal por su autor.

Portillo era un conversador inefable. Alguna vez le escuché una reflexión sobre «Noche cubana» en donde el canon de belleza femenina escogido alude al delicado tema racial que allí se invoca y reverencia. Nada ajeno a nuestra sensibilidad y, por consiguiente, al gusto por esa tradición mestiza que lo negro ha suministrado a nuestra cultura.

Quiero escucharlo siempre, como en el poema que le dediqué en *Richard trajo su flauta* (1967), clamando por una pluma de África sobre su sien.

En su catálogo autoral están «Estampa bohemia», «Noche cubana», «Realidad y fantasía», «Perdido amor», «Es nuestra canción», «Canto a Rita», «Chachachá de las pepillas», «Son de a verdad», «Gracias señora», «Tú mi delirio», «Dime si eres tú», «Canción a la canción», «Canción de los Juanes», «Canto, luego existo», «Monólogo in blue», «Canción para ese día», «Ofrecer Frank», «Son al Son», «Canción sobre un cuento de Onelio», «Sabrosón», «Interludio», «Canción a un festival», «La hora de todos», «¡Oh! valeroso Vietnam», «Como una flor»….

La Academia de las Artes y las Ciencias le otorgó en el 2004 el Premio Latino a Toda una Vida, en ceremonia celebrada en el Palacio de los Congresos de Madrid, España.

Durante su vida artística trabajó en programas de radio y televisión y gustaba sobre todo del ambiente nocturno de clubes como el Pico Blanco del Hotel Saint John y el Gato Tuerto.

Después de una existencia dedicada a la música, el autor, murió el 4 de mayo del 2013, en la capital cubana.

# FRANK DOMÍNGUEZ, UN COMPOSITOR POR EL MUNDO

El autor de «Tú me acostumbraste», Frank Domínguez, tuvo una larga carrera, principalmente en los escenarios bolerísticos. Extraordinario compositor y pianista, acompañó a importantes intérpretes como Elena Burke, con quien compartió en muchos espacios y, en especial, en El Gato Tuerto, durante varios años. Ambos tuvieron una firme amistad.

*Tú me acostumbraste a todas esas cosas*
*y tú me enseñaste que son maravillosas,*
*Sutil llegaste a mí, como la tentación,*
*llenando de inquietud mi corazón.*
*Yo no concebía cómo se quería*
*en tu mundo raro y por ti aprendí*
*por eso me pregunto, al ver que me olvidaste,*
*por qué no me enseñaste*
*cómo se vive sin ti.*

Frank estudió la carrera de Farmacia, solo para complacer a su familia…Además, se preparó en el Conservatorio Orbón y en sus inicios integró un dúo con Gilberto Aldanás y con la poeta Carilda Oliver Labra tuvo el espacio radial *Juntos tú Corazón y mi Alma*, trasmitido en Matanzas.

Él forma parte de la segunda generación del filin. Abordó la música de autores como Mario Ruiz Armengol, Vicente Garrido y María Grever, entre otras notables figuras.

Establecido en La Habana, actuaría en el programa *Buscando Estrellas* por CMQ. Con su interpretación de *Begin the Begin*, de Cole Porte obtiene el joven el primer premio. Su presencia, su magia en el piano despertó admiración entre los asistentes al Hotel Océano, precisamente, allí conoce en su bar a los famosos actores mexicanos Silvia Pinal y a Arturo de Córdova, que se interesan en una composición para su próxima película. Muy inspirado Frank escribe una de sus mejores canciones: *El hombre que me gusta a mí*, (título del filme) de la que hizo una creación Lucy Fabery. El gustado número fue interpretado por la propia Silvia y más tarde lo llevó a su repertorio Freddy.

Frank además trabajó en el Club 21, en el Vedado. El pianista también dejó su huella en varias producciones que musicalizó en el cabaret Sans Souci. Allí, alternó con figuras internacionales como Sarah Vaugham, Tony Martin y Johnny Mathis, que en esa época gozaban de la mayor popularidad.

Uno de los clubes en los que el pianista tocó y cantó fue llamado Imágenes como una de sus canciones de más éxito.

A Frank me lo presentó Elsa Balmaseda, a quien él solía en ocasiones acompañar. Muchas veces a la conversación se unía el escenógrafo Balmaseda, esposo de la cantante. Hablábamos sobre todo de música. Recuerdo que una vez Frank me dijo: «Sin mis canciones, mi piano yo no sabría vivir. Son mí día a día. El mundo que soñé y disfruto».

Tú me acostumbraste ha tenido repercusión mundial. Fue uno de los boleros preferidos de Chavela Vargas, La dama del poncho rojo; por eso lo canta en su estilo personal en la multipremiada cinta Babel, de Alejandro González Iñarruti. Entre otras numerosas versiones están la de Olga Guillot, Caetano Veloso, Tom Jones, Doménico Modugno, Gal Costa, Lola Flores, Sara Montiel, Luis

Miguel, Gipsy King, Andrea Bocelli, Omara Portuondo y Chucho Valdés, entre otros.

Más recientemente, lo interpreta la mexicana Natalie Lafourcade a dúo con Omara Portuondo en el disco *Musas volumen I*, que obtuvo Premio Latino 2017. Canciones de este creador matancero están en el CD *La música de Frank Domínguez*, editado por la Egrem, con intérpretes como Elena Burke y el propio compositor.

Nuestro patrimonio musical se enriquece con sus obras, entre ellas: «Cómo te atreves», «Imágenes», «El hombre que me gusta a mí». «La dulce razón», «Pedacito de cielo», «Refúgiate en mí», «Cuando pasen los años», «Luna sobre Matanzas», «Mi corazón y yo». Su pieza «Crazy chachachá» lo interpretó la cantante Ginny Simms…Autor de páginas imperecederas en nuestro cancionero, Frank Manuel Ramón Dionisio Domínguez, Frank Domínguez, falleció el 29 de octubre de 2014, en Mérida, Yucatán.

# ELENA BURKE: LA SEÑORA SENTIMIENTO

Antes se llamó Romana Burgues; tenía la piel aceitunada y 13 años en un cuerpo delgado, que la hacía aparecer como una sílfide de estos tiempos. Su vida la llenaba una pasión: la música. No es extraño, entonces, que la adolescente tratara de encaminar esa vocación tan sentida.

Un día dirigió sus pasos a la emisora CMQ, para participar en *La Corte Suprema del Arte*, programa de aficionados al canto. La joven, hecha un manojo de nervios, se adueñó del micrófono para intentar interpretar una conocida melodía cuando, de pronto, el estridente campanazo la paralizó. El jurado había considerado que no valía la pena que siguiera cantando. Luego, hubo una segunda y hasta una tercera vez, en un periodo de varios meses, en que siempre el campanazo llegó a silenciar su voz y frustrar los lindos sueños de Romana.

Al paso de los años cimentó su carrera. Sí, porque Romana Burgues no es otra que Elena Burke, esa incomparable cantante de filin, que tantos lauros ha obtenido.

En una entrevista, me contó:

–Recuerdo a veces, aquellos campanazos que me helaron la sangre, pero que me incitaron a continuar, a no desmayar.

## Más de su vida

Elena destacó por su excepcional afinación, sentido melódico, amplio registro y, en especial, ese duende tan singular que la acompañó en su trayectoria artística. Por esa manera tan suya de interpretar la canción la llamaron La Señora Sentimiento.

De ella diría el destacado pianista Frank Domínguez:

Tiene un oído armónico natural increíble, y si cambia la melodía, en definitiva, la realza con su sentimiento. Pero si el acompañante varía en algo una nota, con su mirada de saeta, por encima del hombro, es capaz de preguntar en medio del espectáculo: ¿Qué pasó? No lee música, pero sabe exigir el acorde perfecto. Y ha levantado canciones sin tanto vigor, a partir de su versión.

Romana Elena Burgues González nació en La Habana, el 28 de febrero de 1928. Debutó en CMC con el tango Caminito; por esa época, le gustaba mucho Libertad Lamarque. Después de aquellos iniciales intentos logró que la contrataran para el espacio *Ensoñación*, de la Mil Diez, donde la acompañó una orquesta de sesenta profesores; algunas veces dirigida por Adolfo Guzmán, otras por González Mantici.

Se vinculó a Isolina Carrillo y en su trayectoria tuvo como pianistas acompañantes a Dámaso Pérez Prado, Enriqueta Almanza y a Frank Domínguez.

Recorrió Estados Unidos con el Cuarteto de Orlando de la Rosa, que además integraban Roberto Barceló, Aurelio Reinoso y Omara Portuondo. En su sede principal, La Taberna Cubana, pusieron de moda números de Orlando tan clásicos como «Nuestras vidas», «Eres mi felicidad», «Mi corazón es para ti» y «Vieja luna».

De lo que significó este autor en su trayectoria, diría:

> La música de Orlando es maravillosa todavía se está
> cantando y se cantará. Con él trabajé mucho tiempo
> como solista. Creo que es el mejor acompañante que
> he tenido y todos han sido buenos. ¡Era increíble! Él
> te adivinaba lo que ibas a hacer. Y para personas que,
> como yo, nunca cantamos igual un número es muy
> importante. Él sabía cuando iba a hacer algo nuevo y me
> apoyaba musicalmente.

Con el Cuarteto de Facundo Rivero actuó en varios cabarets en
México. Perteneció a Las Mulatas de Fuego, dirigido por Rodney,
que se presentó en los teatros habaneros Alcázar y Encanto. Viajaron
a México y causaron sensación en el Follies Bergere, donde también
figuraba Yolanda Montes, Tongolele. En distintos momentos, la
Burke formó pareja de baile con Rolando Espinosa y otras con Litico.

En 1952 surgió el memorable cuarteto las D'Aida, con la dirección
de Aida Diestro, a quien llamaban La gorda de oro; lo integraban 169
además las hermanas Omara y Haydée Portuondo y Moraima
Secada. En Tropicana, las muchachas acompañaron a Nat King
Cole, aunque antes en el Sans Souci alternaron con otras estrellas
internacionales como Tony Bennet, Edith Piaf, Johnny Mattis y
Sara Vaugham, entre otros.

El Montmartre también las acogió en su escenario y luego cantaron en el cabaret La Campana, que inauguraron. El cuarteto triunfó
plenamente por el novedoso montaje vocal y el excelente repertorio
con piezas como «Profecía», «Ya no me quieras», «Qué jelengue»,
«No puedo ser feliz», «Mamey colorao», «Tabaco verde» y otras
que rápidamente se popularizaron.

Entre las variadas anécdotas de su carrera artística, Elena contaba la de su actuación en el Teatro Palace de Broadway cuando
compartió el camerino con la actriz Judy Garland, a quien admiraba, y de cómo acostumbraba en sus giras al extranjero llevar sus
cazuelas para hacer sabrosas sopas, por lo que el equipaje siempre
pesaba un horror.

Fundó en la década del sesenta el grupo Los D´Ángeles, dirigido
por Enriqueta Almanza. Durante esa década proyectó su trabajo

como solista. Viajó en 1964 a la RDA, Polonia, Checoslovaquia y terminó en el Festival Internacional de Cine en Cannes, donde para su sorpresa el famoso actor Charles Boyer la presentó en un recital muy aplaudido. La cubana formaría parte del elenco del Gran Music Hall de Cuba, y cantó en el Olympia de París.

La ovacionaron en el Festival de Sopot, donde obtuvo Premio de Interpretación con «Otro amanecer», de Meme Solís. Se lució en escenarios de la URSS, República Dominicana, Canadá, el Festival Orfeo de Oro, en Bulgaria. En México, actuó en el Cardini Internacional y en el Festival Internacional del Disco en ese país, donde era muy querida. Además, participó con Los Van Van en el espectáculo de la Expo 70 en Osaka, Japón. Con la Orquesta Aragón y Los Papines se presentó en 1978, en el Lincoln Center de Nueva York.

Omara Portuondo, expresó: «Considero a Elena Burke como la mejor cantante de la historia y todo lo que tiene que ver conmigo se lo debo a ella». En 1983 se reunieron junto a Moraima para cantar la nostálgica pieza que su autor, Alberto Vera, les dedicó: «Amigas»:

*Omara. Amigas, cómo ha pasado el tiempo*
*cómo han llovido inviernos en nuestros corazones.*
*Elena: Amigas, aún recuerdo el momento*
*en qué soñamos juntas interpretar canciones.*
*Moraima ¿Te acuerdas, de aquellas melodías*
*que cantaste un día a tu primer amor?*
*Elena. Me acuerdo, fue después de aquel baile*
*en que estrenaste un traje que nunca te gustó, sí que no te*
*gustó…*
*Omara. Amiga, qué tal te va el presente, dime si hallaste*
*alguna gente que llene tus rincones.*
*Moraima. A veces, más no constantemente, como he soñado*
*siempre y aún sueñan mis amores…*
*Elena. Amigas, no hay por qué lamentarse,*
*la vida es un contraste de muchas emociones…*
*Moraima. Es cierto, oigan, es cierto, aunque a veces yo sueño*
*Omara. Y yo también lo sueño…igual que en las canciones…*
*Todas. Entonces…cantemos con el alma.*
*Elena. Cantemos como siempre viviendo en…*
*Todas. … las palabras.*

*Todas. Cantemos lo que es la vida misma.*
*Todas. ¡Qué esa es la dicha nuestra!*
*Todas. Nuestra verdad, amigas…*

Las integrantes del cuarteto grabaron esta canción de Vera como parte del disco *Elena Burke en compañía*. Sello Egrem, 1995.

Fue el 9 de junio de 2002, que Elena se despidió para siempre de la vida.

*Memés Solís y Elena Burke*

171

# LA MORA, SIMPLEMENTE ÚNICA

Moraima Secada, La Mora, afirmó su personalidad artística en el movimiento filin con sus interpretaciones acentuadas por su apasionado temperamento. Se llamaba María Micaela y había nacido en Villa Clara, el 10 de septiembre de 1930. En su ciudad natal participó en un programa radial y, cuando su familia se radica 9 de junio de 2002 en La Habana, se presentó en *La Corte Suprema del Arte*.

Una tarde de frío invierno la visité en su casa, un pequeño apartamento frente a la Fragua Martiana. Conversamos de variados tópicos hasta que la charla ancló en la música.

—El filin fue una época muy linda de mi vida. Nos reuníamos gente muy pobre sin un centavo en los bolsillos, para cantar, para reír. De aquella etapa surgieron canciones que son antológicas en la música cubana, canciones que conservan la misma frescura, el mismo impacto de cuando se popularizaron.

Empecé a cantar por afición porque no vivía ni del canto ni del cuento; trabajaba como planchadora ocho horas en un taller de plisado de una tía mía. Asistí a muchas descargas en las que se reunían José Antonio Méndez, Portillo de la Luz, el Niño Rivera, Luis Yáñez, Ángel Díaz y otros. De esos mismos autores aprendí canciones que luego interpretaba. Recuerdo, muy en especial, «Tú, mi rosa azul», de Jorge Mazón, que tuve el gusto de estrenar.

*Colmaré de sol tus labios*
*cantarán mis besos tiernas melodías*
*con sabor a ti, cielo de mi sol*
*tú.*
*Llenaré de mí tu alma,*
*correrá en tus venas sangre de las mías*
*y en tu corazón vivirá mi sentir.*
*Tú en mí y yo en ti,*

*uno los dos.*
*Llenaré de ti mi alma,*
*Tú serás mi mundo, tú mi tierno valle,*
*tú, mi rosa azul, tú mi verde amor,*
*tú, tú.*

La trayectoria profesional de La Mora comienza con Anacaona; aprendió mucho de proyección escénica, del trabajo en conjunto con esa orquesta de gran arraigo en los llamados Aires libres de Prado. Viajó a Haití, Santo Domingo y Venezuela, pero cuando regresó la esperaba nuevamente la plancha, y aquellas dichosas sayas que debía plisar con sumo cuidado para que no se las rechazaran.

Como filinera cuando la llamaron para integrar el cuarteto de las D´Aida dio rápida su aprobación, y se unió a Omara, Haydée y Elena y, por supuesto, a La Gorda como llamaban a Aida «que hacía montajes de voces maravillosos».

Fue una etapa dura de ensayos para precisar el repertorio. Al presentarse la oportunidad de cantar en *El show del mediodía* se dieron cuenta de que no tenían el vestuario adecuado; meditando en qué solución darle al problema recordaron dos trajes con refajos de tafetán de cuando Omara y Elena estaban en el cuarteto de Orlando de la Rosa, solo que las cantantes eran muchísimo más delgadas. Y sucedió que al zafar los vestidos alguno se rompió por la misma costura y ahí entró la imaginación a volar para tapar aquellas roturas con unos floripondios. El día del debut muy peinadas, maquilladas y con zapatos de tacones altísimos se veían preciosas y ganaban la mar de piropos y, lo mejor, conquistaron al público que más nunca las olvidó.

−Yo creo que el cuarteto rebasó nuestras propias expectativas por su tratamiento vocal y armónico muy novedosos. Realmente, hicimos furor; nos llamaban de todos los lugares: actuamos en cabarets como el Capri, Tropicana, estuvimos en un club muy visitado que se llamaba La Campana, también radio y televisión en programas estelares.

Las D'Aida hicieron famosas grabaciones como el disco *Una noche en el Sans Souci* LD RCA Victor con la orquesta de Chico O'Farrill.

Con las D'Aida, Moraima viajó a Estados Unidos, Venezuela, México, Argentina, Uruguay, Chile y Puerto Rico y grabó discos. Al separarse de esa agrupación, cantó como solista, acompañada por los Hermanos Bravo en el centro nocturno Le Revé. En 1960, se une al cuarteto de Meme Solís, que además integraban Ernesto Marín y Horacio Riquelme.

Por 1964, la artista vuelve a su carrera en solitario en el salón Libertad, en el Hotel Nacional. Al año siguiente, la vemos en el Festival de la Canción de Varadero 70 donde impone su estilo y personalidad.

Intervino en el espectáculo *Arcos de Cristal* de Tropicana con Luis Carbonell, José Antonio Méndez, Los Zafiros y Pacho Alonso, entre otros. Con el combo de Samuel Téllez, su gran amigo, ella hizo un recordado recital en el Auditórium.

En 1979, se une a Elena y Omara para cumplimentar una invitación en México del programa televisivo *Nostalgias*, de Jorge Saldaña, y rememorar sus exitosas actuaciones en ese país. A su regreso, graba junto a ellas la canción «Amigas», que el compositor Alberto Vera, les dedicara.

La Mora nos dejó en su voz canciones inolvidables como «Alivio», de Julio Cobo, «Tú, mi rosa azul», de Jorge Mazón, «Vuélvete a mí», de Tania Castellanos y «Cuidado», de Nacho González. Moraima hizo una personal creación de «Perdóname conciencia», de Piloto y Vera, que el público no dejaba de solicitarle en sus actuaciones.

*Perdóname conciencia,*
*querida amiga mía*
*fue duro tu reproche*
*pero se que esa noche*
*yo me lo merecía.*
*Tanto lo había soñado*
*tanto lo presentía*
*que al verte así a mi lado*
*me olvidé del pasado*
*que atado me tenía*
*Y me llené de ensueños*
*y le brindé la gloria*
*sabiendo que yo mismo*

*no me pertenecía*
*Pues me olvidé*
*de todas las cosas*
*que en el mundo*
*hacen la dicha corta*
*y larga la agonía.*
*Perdóname conciencia*
*razón sé que tenías*
*pero en aquel momento*
*todo era sentimiento*
*la razón no valía.*

La gran artista en la que vivía el puro sentimiento falleció en La Habana, el 30 de noviembre de 1984.

Un interesante audiovisual: *La razón no valía*, de Felipe Morfa y Mayra María García, Sello Bismusic, muestra la trayectoria de la intérprete a partir de testimonios de sus hijas Clara y Nildée, y de Omara, Meme Solís, Pablo Milanés, el productor Jorge Rodríguez y otros.

175

En Cubadisco 2019, el fonograma fue premiado en la categoría Compilación y archivo.

*La Mora*

# OMARA, MOMENTOS DE SU VIDA

Un epiteto que la identifica es el de La Diva de Buena Vista Social Club, por el famoso disco ganador del Premio Grammy en el que interpreta «Veinte años», en una versión muy suya que, sin embargo, no traiciona el estilo con que lo interpretó María Teresa Vera.

Más recientemente hace una verdadera creación del bolero–son «Lágrimas negras», de Miguel Matamoros, acompañada por la orquesta Faílde, con millones de visitantes en Facebook. Además, interpreta «Me desordeno amor», sobre el poema de Carilda Oliver, en el fonograma de la agrupación *Faílde con tumbao*, nominado a los Grammy Latino 2020.

Por *Mariposas* fue nominada a los Grammy 2020, en la categoría de Mejor Álbum Contemporáneo Fusión Tropical.

La artista ganó Premio Especial Cubadisco 2019 por el fonograma *Siempre tu voz* con la orquesta Faílde, homenaje a Benny Moré en su centenario.

Nacida el 29 de octubre de 1930, en La Habana, Omara se vincula adolescente a las hermanas Martiatu, Eva y Estelita, en cuyo hogar se celebraban tertulias familiares, donde se reunían Rosendo Ruiz, Ñico Rojas, Armando Peñalver, Luis Yáñez, Portillo de la Luz, Ángel Díaz, Hilario Durán y otros jóvenes que empezaban a perfilar lo que sería luego el *feeling* (filin), ruptura y continuación de la trova. A partir de interpretar Omara y su hermana Haydée la canción Tailuma

fueron conocidas como Las Tailumitas y participaron en cuanta descarga había.

Además, hija de Bartolo Portuondo, pelotero del Almendares y de las Ligas Negras en Estados Unidos, en su casa tuvo contacto siempre con el mundo artístico, pues al papá lo visitaban cantantes, escritores, pintores…Omara soñaba con ser bailarina de ballet, pero en aquel tiempo el color de la piel conspiraba, y tuvo que olvidarse de aquellos primeros anhelos.

En 1947, integra el grupo Loquibambia en el que estaban José Antonio Méndez, Frank Emilio, Jorge Mazón, Leonel Bravet, Bobby William y Eligio Valera. Por cierto, que el locutor Manolo Ortega, conocido por Mr. Filin, la presentaba como Omara Brown, pues en esa etapa ya jazzeaba de lo lindo. Emisoras como la Mil Diez fueron por entonces escenario del quehacer musical de la agrupación.

A Omara la danza por igual la seducía; se estrena como bailarina profesional en el cuerpo de baile de Tropicana y después forma parte de Las Mulatas de Fuego. En el elenco de Alberto Alonso participa en dos producciones clásicas: *El solar* y *El güije*. En otra etapa fue pareja del bailarín Rolando Espinosa.

En 1951, pasa al cuarteto de Orlando de la Rosa con presentaciones en Estados Unidos y Canadá. De 1952 a 1953 se une a la orquesta femenina Anacaona y actúa en Haití. Durante quince años se nutrió de una experiencia que califica fundamental en su carrera; el cuarteto de las D´ Aida, uno de los más famosos de Cuba y con el que grabó discos muy codiciados por los amantes de la música. Con esta agrupación viajó a Venezuela, México, Puerto Rico, Estados Unidos, donde participaron en el programa de Steve Allen.

Desde sus inicios como solista, esta destacada figura de la canción, ha gozado de la admiración y el aplauso del público en Cuba y el extranjero y se ha hecho acreedora de importantes lauros como el Premio Nacional de Música, Primer Premio en el Festival Internacional Orfeo de Oro de Bulgaria, Premio en España por el espectáculo Noche Cubana, el Grammy por Buena Vista Social Club, el Premio Las Lunas del Auditorio 2008, que le entregó el Auditorio Nacional de México, Premio Grammy Latino a la Excelencia Musical,

Junto a varios de los artistas del proyecto Buena Vista Social Club: Eliades Ochoa, Barbarito Torres, Manuel Guajiro Mirabal y Jesús Aguaje Ramos, la cantante actuó para el presidente Barack

Obama, y sus invitados en el Salón Oriental de la Casa Blanca, durante el evento del Mes de la Hispanidad en Estados Unidos, celebrado el 15 de octubre de 2015. Por su valor en la música y en la cultura cubana y mundial recibió la Medalla de Oro en Bellas Artes en 2021, de manos de los reyes de España Felipe VI y Leticia.

Ella ha grabado numerosos fonogramas: *Magia negra* fue su debut discográfico, *Como un milagro, Esta es Omara Portuondo, Omara Portuondo y Martín Rojas* (grabado en Finlandia), *Omara Portuondo canta el son, Soy cubana,* Omara Portuondo con Adalberto Álvarez, *Desafíos* junto a Chucho Valdés, *La novia del filin* y, además, *Buena Vista Social Club* introduce a Omara.

*Las D'Aidas, Moraima, Elena , Haydeé y Omara*

Memorables han sido sus dúos con Carlos Embale, Héctor Téllez, Miguel Ángel Céspedes, Miguelito Cuní, Pablo Milanés y en España, en 1995, con Marcelino Guerra, Rapindey, autor de «A mi manera» y «Me voy pal pueblo», quien en ese momento tenía ochenta años.

A estos se suman los de otros intérpretes como Teresa García Caturla, Haydée Milanés Andy Montañez, Julio Iglesias, Raphael, Carlos Rivera y Gaby Moreno.

La cantante que se ha presentado en escenarios como el Carnegie Hall, de Nueva York, y el Olympia, de París.

Es una de las artistas ganadoras del Premio Grammy 1997 como vocalista del galardonado Buena Vista Social Club. Premio Nacional de Música 2006, ganó en el Festival Orfeo Negro, Bulgaria, el primer premio por mejor interpretación; obtuvo premio en el Festival Lira de Bratislava, la nominaron al Grammy Latino por el disco *Flor de amor*, en la categoría de Mejor Álbum Tradicional Tropical, ganó un Grammy Latino 2009 por su fonograma *Gracias* en el que hace un recorrido por autores de su preferencia como Silvio Rodríguez, Pablo Milanés, Jorge Drexler, entre otros.

Ha sido condecorada con la Orden de las Artes y las Letras de Francia. Ostenta la orden Félix Varela y recibió.

Con la realización de Joseph Ross y en homenaje a los 500 años de La Habana se estrenó el video *Sábanas blancas*, del que la Portuondo hace una excelente interpretación. El tema de Gerardo Alfonso ha tenido gran resonancia en las redes sociales.

La voz de la intérprete está en las bandas sonoras de varios noticieros Icaic, incluso en *Now*, documental de Santiago Álvarez.

En 1983, Fernando Pérez la «retrató» en su inspirado filme titulado *Omara*. Ella interpreta «La era está pariendo un corazón», de Silvio Rodríguez, y «Amigas» junto a Elena y Moraima, así como «Lo que me queda por vivir», ambas de Alberto Vera.

En *Descarga*, el realizador Bernabé Hernández hace un homenaje al cuarteto de las D'Aida.

La novia del filin representó a Mercedes Ayala en *Cecilia* (1981), de Humberto Solás y a Mariana Grajales, La Madre de la Patria, en *Baraguá*, (1986), de José Massip.

El público disfrutó de su cálido acento en la banda sonora del premiado filme *La bella de Alhambra* (1989), de Enrique Pineda Barnet. Canta «Quiéreme mucho», de Gonzalo Roig y «Papá Montero», de Eliseo Grenet. Interpreta «Siempre es 26» en el corto *Ciego en 26*, de Jorge Calderón

Su hermoso registro conmueve en la habanera «Veinte años», de María Teresa Vera y Guillermina Aramburu en *Lejanía*, cinta de Jesús Díaz. Esa misma canción, tan presente en el repertorio de la artista, es utilizada en el corto de igual título: *Veinte años*, del realizador Bárbaro Joel Cruz (2009)

No podemos olvidar el significativo y controvertido documental *Buena Vista Social Club*, de Wim Wenders, en el que Omara vuelve a hacer suyas piezas como «Veinte años», «Silencio», de Rafael Hernández y el versionado bolero «Quizás, quizás, quizás», del compositor Osvaldo Farrés.

El destacado realizador Fernando Pérez, quien siente predilección por Omara y «Veinte años», la llevó a las películas *Madagascar* y *Suite Habana*.

Volvería a la pantalla con Los Papines. *Nunca es tarde cuando la rumba es buena*, de Dámaso González y en *Old Man Bebo*, de Carlos Carcas.

La cinematografía también contó con ella para Alicia Bustamante, de la actriz y directora Hanna Schigulla y el documental que le inspiró el talentoso director Lester Hamlet.

La cantante está en el dibujo animado *Tiana y el sapo de los estudios* Walt Disney y en el corto para niños *El camino de las gaviotas*, colaboración entre Cuba y Brasil.

Durante su trayectoria ha sido reconocida con el Premio Nacional de Música, 2006; Premio Latino a la excelencia musical 2019, Medalla de oro al mérito en Bellas Artes que recibió en 2021 de manos de los reyes de España, Felipe VI y Leticia.

Omara es una de nuestras mejores voces femeninas y ha interpretado la música norteamericana con éxito: la recordamos, sobre todo, en ese himno que es *Now*. Se siente cubana en carne y alma, lo que se refleja en su manera de ser y vivir.

# PILOTO Y VERA, REGALANDO FILIN

Duele es uno de los boleros que llegó para quedarse. Compuesto por el binomio autoral que integraron Giraldo Piloto y Alberto Vera, es tema permanente de nuestro cancionero.

Vicentico Valdés, hizo de esta pieza uno de sus éxitos vitroleros. Puso voz y sentimiento para interpretarlo como hizo con otras obras de estos autores. «Duele», que se inscribe en el bolero filin, ha tenido otros exponentes como Elena Burke y Annia Linares.

> Y
> *Duele mucho, duele*
> *sentirse tan solo.*
> *Nada nace en mi alma*
> *más que este sufrir*
> *que es vivir atado al fracaso,*
> *que es sentir inútil mis brazos.*
> *Duele mucho, duele*
> *verte sin regreso*
> *saber que llega el fin*
> *de todos tus besos.*
> *Que es por mi culpa que estoy*
> *hoy padeciendo mi suerte.*
> *duele mucho ser como soy,*
> *duele, duele*
> *vivir.*

Giraldo Piloto, nació en La Habana el 29 de julio de 1929. Estudió violín y conoció a Alberto Vera cuando ambos se formaban en la Escuela de Artes y Oficios. Su inclinación por la música los llevó a unirse para componer.

Durante su trayectoria, Piloto dirigió el importante sello discográfico Cubartimpex.

En su leído blog *Desmemoriados*, la investigadora Rosa Marquetti, nos acerca a los inicios del notable autor y la influencia que el jazz tuvo en él.

Cortejando a Josefina Barreto –quien después fue la mujer de su vida– comienza a frecuentar el barrio Santa Amalia, en la periferia de la capital. En dos casas contiguas, ubicadas en la calle Rivera, vivía la música. La familia Barreto, con el patriarca del clan Primo Barreto, violinista y clarinetista, y con tres hijos instrumentista –Guillermo, Alejandro, Coco y Roberto Robby – y tres muchachas –Lita, Josefina y Estela– que estudiaban música, tocaban y cantaban todo el tiempo, tenían como vecinos inmediatos a Bebo Valdés y su hijo Chucho. Ambas casas eran el punto de encuentro de muchos músicos –hoy figuras icónicas, en su mayoría– que lo mismo iban a ensayar, a encargar un arreglo, encontrar una canción, que a escuchar jazz –en aquellos discos que Guillermo Barreto conseguía traídos por marineros norteamericanos– en sus incursiones por los bares del puerto. El nivel de actualización sonora era muy grande y de esas

182 aguas bebió, y mucho, Giraldo Piloto. Sin dudas, haber conocido a Josefina y frecuentar el ambiente de Santa Amalia, además de los discos y revistas especializadas de jazz que recibía de su padre desde Nueva York influyeron en el enriquecimiento de su acervo musical y en su nivel de actualización respecto a lo más novedoso de las producciones discográficas en Norteamérica.

Piloto y Vera concibieron las piezas «Aquí o allá», «Debí llorar», «Duele», «En ti y en mí», «Mi sentimiento», «Perdóname conciencia», «Solo contigo basta». «Guajira con tumbao», «Guajira» –shake, Mi guajira de hoy. «¿Qué es esto que llega?», «Y solo tú y yo», «El pilón del amor», «Y deja»… Sucesos disqueros resultaron «Fidelidad» y «Añorado encuentro», en la inigualable voz de Vicentico Valdés, que lograron primeros lugares en los listados de éxitos.

Los autores crearon música para las comedias teatrales: *Las vacas gordas*, de Abelardo Estorino y *La Yaguas*, de Maité Vera.

Significó un duro golpe para Vera la muerte de su amigo Giraldo, ocurrida en 1967 en un accidente de aviación en Montreal, Canadá.

A pesar de este revés, vuelve después a la música y compone nuevas canciones.

Al entrevistarlo, Vera, rememoró:

—Mi inclinación por la música nació en mi propio hogar. Mi madre era maestra de piano, tenía academia. Ella soñaba con tocar en una orquesta femenina, de aquellas que arrebataban en los Aires Libres habaneros. Mi hermana Maité y yo nos dormíamos con aquellas melodías que ella tocaba en el piano. Todo eso lo viví en mi niñez. Puedo decir que tuve una infancia muy feliz, aunque sin grandes juguetes. Mis padres eran pobres, pero cultos; de tal manera que nos descubrieron la música, la pintura, el teatro…Mi papá disfrutaba mucho los pregones callejeros, veía en algunas de esas pequeñas piezas, una atendible musicalidad.

## Triunfante binomio

En la charla se inserta su amistad con Giraldo Piloto y su relación con el filin.

—Realmente Piloto y yo evolucionamos en la música; íbamos al compás de los tiempos. Comenzamos como seguidores de los compositores del filin, estábamos enamorados de las canciones de Portillo, José Antonio, de Rosendo. Sí, fuimos nutriendo nuestras creaciones de aquello que la vida nos iba dando, en lo nacional y lo internacional. Pasamos de la canción bolero a números más movidos, pero siempre con mucho interés por lo literario. Siempre tratamos de que nuestras letras tuvieran un sentido, una intención, lo mismo si abordábamos lo romántico o lo más festivo.

En cuanto a la canción de amor creo que he hecho pocas concesiones; lo cierto es que, aunque uno se transforma con el tiempo, los rezagos no se pueden eliminar de una vez por todas. No soy el Vera de veintipico años atrás. He ido evolucionando y eso, necesariamente, se refleja en mi obra.

—Me sorprende que a los 37 años de trabajo autoral mi música siga gustando. Estoy en contra de aquellos que piensan que cualquier tiempo pasado fue mejor. Pienso que la juventud de ahora vale mucho, tiene una forma distinta de ver y encarar la vida. Hay que rescatar lo que vale de antes, pero mirar al futuro. Siento que me influyen los compositores de esta promoción y, sobre todo, los de la Nueva Trova. Mis textos tienen poco que ver con los años cincuenta. Hoy, la canción es más descriptiva, más directa. Antes, se trabajaba más la metáfora, a veces ridícula, se dependía más de la luna. Por aquella época, nunca se me hubiera ocurrido decir: «Tocan a la puerta, alguien me interrumpe, voy a ver quién es…».  No hay dudas de que «Pido permiso» tiene influencia de la NT y esto es muy saludable.

Alberto Vera, quien por 15 años fue director general de Música del Instituto Cubano de Radio y Televisión ICRT, dejó de existir en La Habana, su ciudad natal, el 18 de diciembre de 1996.

La Empresa de Grabaciones y Ediciones, Egrem, le dedicó el disco *Felicidades Papá*. Homenaje a Alberto Vera en ocasión de los 23 años de su muerte. Uno de los grandes románticos de nuestro pentagrama fue llamado papá por sus atinados consejos y ayuda a los músicos del país. Entre las joyas del disco están: Rubén Blades («Como el día no está bueno para morirse»); Pancho Céspedes («Pido permiso»); Omara Portuondo («Tocan a la puerta» y «Lo que me queda por vivir»); Emilio Frías, El Niño, («Tropiezos»); Waldo Mendoza y Enys Rodríguez («Un encuentro»); Leo Vera («La vida siempre es mucho más»); David Álvarez («Para sentir amor»); Beatriz Márquez («Igual que yo»); Yulaysi Miranda («Ponerse a pensar») y Osaín del Monte («Hay cosas que son así» y «Son así»).

Este fonograma fue premiado en el Festival Internacional del Cubadisco 2020/21.

*Giraldo Piloto, Alberto Vera con Elena Burke*

# ÉXITOS VITROLEROS

La comercialización de la música mediante el disco y el fonógrafo tuvo su punto culminante con las victrolas que contribuyeron a partir de su creación a la enorme popularidad de autores e intérpretes. Pegar un *hit* en estos aparatos melódicos era llegar al gusto del público y por consiguiente conquistar la fama.

Debo destacar que muchos compositores trabajaron su música desde conceptos machistas en los que la mujer salía mal parada; casi siempre desde el despecho se le negó sus mejores valores. Hay que tomar en cuenta la época en que ella estaba relegada a lo doméstico y en un plano de subordinación al hombre.

No obstante, la manipulación comercial de nuestra música, sobre todo, por las compañías de discos norteamericanas, lo mejor de nuestra clave prevaleció en el ambiente sonoro.

Maritza García Alonso, en su libro *El ámbito musical habanero de los 50*, ofrece una amplia explicación relacionada con el tema de las victrolas:

(…) la difusión intencional y extensiva de la música cubana se hizo a partir de 1910 –y, sobre todo, después de concluida la primera guerra mundial– a través de la presencia de las firmas norteamericanas Victor Talking Machine Co. y la Columbia Phonograh Record Co. que habían escogido, respectivamente, como su representante en Cuba a la casa Humara y Lastra, en 1904, y a la casa Hermanos Giralt, en 1908.

La Victor emplea los primeros años en popularizar sus Victor's Trading Machines o victrolas y produce discos para este novedoso aparato, que se esparce con rapidez en distintas unidades comerciales de uso (se estima que en 1954 había diez mil victrolas en Cuba y quizás quince mil al finalizar esa década).

Alrededor de 1919, el disco toma importancia de por sí y pronto se grabaron a través de la Casa Humara las voces de importantes artistas cubanos como Manuel Corona, María Teresa Vera, Eusebio Delfín, Bienvenido Julián Gutiérrez y el Trío Matamoros (más tarde seguirían Antonio Machín, Ernesto Lecuona, Dámaso Pérez Prado, Orlando Guerra (Cascarita) y la Orquesta Aragón, entre otros.

Con el tiempo la creación de varios sellos disqueros cubanos como Panart, Puchito, Gema, Maype, Velvet y Rosell Record fueron terminando con la hegemonía de la casa Victor.

# PANCHITO RISET, EL BOLERO SONEADO

Panchito Riset en su inconfundible estilo hizo una creación de «Abandonada», letra del poeta matancero Agustín Acosta y música de Manuel Romero, que en 1934 grabó en Nueva York con el Cuarteto Marcano. El cantante ha sido considerado uno de los más exitosos dentro del bolero soneado. Otra pieza que en su trayectoria lo encumbró fue «El cuartico», de Mundito Medina, que en los bares y bodegas sonaba a toda hora. Según los datos biográficos el cantante era hijo del catalán Francisco Riser y de la cubana Juana María Rincón. Nunca trabajó en el oficio aprendido que no era otro que el de pailero. Le enseñaron a tocar el tres y la guitarra y sus primeros pasos los dio con el sexteto Juvenil Atarés, creado en ese barrio habanero donde nació.

*Abandonada a su dolor un día*
*en que la sombra la envolvió en su velo,*
*me dijo el corazón que ella vendría*
*en el momento espiritual de un vuelo.*
*Abrí los pabellones solitarios,*
*iluminé los vastos corredores,*
*quemé la mirra de los incensarios*
*Y el frío mármol alfombré de flores.*
*Llegó cansada de volar, yo dije,*
*alma, musa, mujer inspiradora,*
*rige mi vida entera para siempre*
*y arde la mirra el corazón que inmola,*
*Amor, no llegues demasiado tarde*
*A quien se siente demasiado solo.*

Como también se había interesado por la pintura llegó ganar una beca en la Academia San Alejandro, mas la música continuaba reinando en su corazón y finalmente se decidió por ella.

Estuvo con el Conjunto Esmeralda, el Sexteto Cauto, de Mozo Borcellá, el Sexteto Habanero, con el que amenizó bailes en la Academia Habana Sport hasta que integró el Quinteto Luna. Su travesía artística incluye el sexteto de Manuel Zaballa, Trío Fantasma, el Sexteto Arco triunfal y el Caney sin olvidar la orquesta Los Antobal Cubans a la que llegó en sustitución del cantante Antonio Machín para actuar en Nueva York. Otras experiencias en esa ciudad las tuvo con Xavier Cugat. Formó parte de las orquestas de Pedro Flores y llegó a acompañar en Hollywood a estrellas como Eleonor Powell, Ann Miller y Desi Arnaz. Con Eliseo Grenet se anotó otros triunfos; primero, en el cabaret Yumurí y luego en La Conga. Fue además figura estelar en el cabaret Versalles y en el Hispano de Nueva York. Eric Madriguera, enamorado del timbre del cubano, lo solicitó para su orquesta. Más tarde contratado por Radio Cadena Suaritos hizo actuaciones en La Habana.

Con la disquera Ansonia obtuvo un importante contrato. Sucedió que en la carátula en vez de su apellido Riser apareció como Riset, con el que sería conocido para siempre en el panorama musical. Su estilo, su inconfundible voz fueron inspiración para varios cantantes y, entre ellos, Daniel Santos, El inquieto anacobero.

El afamado Panchito, nacido el 21 de octubre de 1911, falleció en Nueva York el 8 de agosto de 1988.

188

*Panchito Riset*

# JULIO BRITO. PINTOR MELÓDICO DE CUBA

En Cuba, las palmas se alargan como si quisieran tocar el cielo, el trino del sinsonte vuela en la brisa, tiñe el sol de oro la copa de los árboles, los arroyuelos asemejan tramas azules que caminaran por el lomerío; sí, nuestra isla guarda uno de los paisajes más encantadores que es posible imaginar; a ese tesoro de la naturaleza especialmente en la campiña y pensando en el hombre y la mujer que la habitan, dedicó el compositor Julio Brito su pieza: «El amor de mi bohío».

*Valle plateado de luna,*
*sendero de mis amores*
*quiero ofrendarle a las flores*
*el canto de mi montuno.*
*Es mi vivir una linda guajirita*
*la cosita más bonita trigueña*
*Es todo amor lo que reina en mi bohío*
*donde la quietud del río se ensueña.*
*Al brotar la aurora sus lindos colores*
*matizan de encanto mi nido de amores.*
*Y al despertar a mi linda guajirita*
*doy un beso en su boquita que adoro,*
*de nuevo el sol me recuerda que ya un día*
*en su plena lozanía reclama.*
*Luego se ve a lo lejos el bohío*
*y una manita blanca*
*que me dice adiós.*

Un momento importante en la vida de este autor fue el estreno de su composición «El amor de mi bohío», en el Eden Concert en la interpretación de Cary Berjano. Durante su estancia en Cuba, la sumó a su repertorio Daniel Santos, El Inquieto Anacobero. La disfrutan en su estilo Ibrahim Ferrer y Omara Portuondo.

El autor fue llamado El pintor melódico de Cuba porque trazó en armoniosas páginas las bellezas de su país. Precisamente esta canción es una de las que caracteriza su obra.

Otra de las piezas que marcaron su proyección musical es «Flor de ausencia» de delicado caudal poético y musical.

> *Como rosa que pierde su aroma*
> *así era mi vida,*
> *ccmo nave que está a la deriva*
> *sin rumbo y sin calma.*
> *Triste y solo buscando un olvido*
> *que alegrara mi alma*
> *y en las tinieblas de mi dolor*
> *apareciste tú.*
> *Como un encanto tus ojos*
> *quitaron las penas*
> *que mi corazón*
> *dejara otro amor.*
> *Como una gracia divina*
> *tus ojos encendieron*
> *de nuevo la llama*
> *en mi corazón.*
> *Y al mirar tus ojos*
> *veo convertidas*
> *en flor las heridas*
> *que otro amor dejó.*
> *Y ahora tú aroma de encanto*
> *perfuma mi vida,*
> *linda flor de ausencia*
> *dulce inspiración.*

Entre los intérpretes de «Flor de ausencia», *hit* vitrolero de Panchito Riset, están Pablo Milanés y Adriano Rodríguez, que la llevaron al disco Años. Volumen 2. Producción Egrem, 1986.

Julio Valdés-Brito Ibáñez, (La Habana, 1908 –1968), realizó estudios de música con el director de orquesta español Pedro Sanjuán.

Tocaba el *drum*, la guitarra y el vibráfono. Con la orquesta Siboney dirigida por su hermano Alfredo Brito, actuó en París y otras ciudades europeas. Fue también ejecutante de saxofón con la orquesta de Don Azpiazu. El cine contó con su talento y musicalizó con Alfredo la película *Tam Tam* o *El origen de la rumba*, rodada en 1938, por Ernesto Caparrós. Además, participó en *Embrujo antillano*, de 1945, realizada por Geza P. Polary y Juan Orol.

*Julio Brito*

Su catálogo autoral incluye las piezas «Trigueñita» y «Acurrucadita», «Florecita», «Ilusión china», «Oye, mi guitarra», «Rincón criollo», «Serenata guajira», «Si yo pudiera hablarte», «Tus lágrimas» y la también muy difundida «Mira que eres linda».

Una interesante anécdota recoge el musicógrafo Ezequiel Rodríguez en su libro sobre el afamado Trío Matamoros en relación con Julio Brito.

Durante su estancia en París, en 1932, actuando en el cabaret Embassy, noche a noche se veían obligados a interpretar *África*, canción bolera de la inspiración de nuestro compatriota, el compositor Julio Brito.

Una noche, ya terminada su actuación, un ciudadano senegalés habitual asistente al cabaret en compañía de su esposa, los invitó a su mesa, y, a petición suya, tuvieron que interpretar cuatro veces el gustado número.

Complacido por ellos, el senegalés, con la emoción reflejada en el rostro, le dio un abrazo a cada uno y les hizo entrega, además, de un presente a manera de recuerdo.

Julio Brito, titulado El pintor melódico de Cuba fue Presidente de la Asociación de Autores de Cuba.

# ABELARDO BARROSO, EL CARUSO CUBANO

Los dos amigos se abrazan con verdadero afecto. A su regreso de una gira por España, Abelardo Barroso llegaba a Cuba abatido y triste. El compositor Bienvenido Julián Gutiérrez lo estaba esperando desde hacia algunos días y le dice emocionado: «¡Al fin, qué ganas tenía de verte, hermano!». «¡Yo también he pasado por la misma experiencia que tú y más cuando se trata de la pérdida de un padre! Cumplí porque fui tanto al velorio como al entierro como era mi deber». No se hace esperar el agradecimiento de Barroso, uno de nuestros grandes soneros.

A los pocos días, de nuevo el encuentro. Esta vez, Bienvenido le trae un regalo: el bolero-son «El huerfanito», que Barroso no tarda en interpretar y sumar a su repertorio. Es un nuevo *hit* en su carrera.

*Yo no tengo ni padre ni madre que sufran mis penas,*
*huérfano soy*
*solo llevo tristeza y martirio en el alma,*
*el cruel dolor*
*de no hallar una mujer buena*
*que mitigue las penas tan grandes*
*que llevo en el alma con cierto amor.*
*(Montuno)*
*Yo no tengo padre,*
*Yo no tengo madre,*
*yo no tengo a nadie*
*que me quiera a mí.*

Habanero, Abelardo Barroso nació el 21 de septiembre de 1905. Trabajó como limpiabotas y de guardafrenero en los ferrocarriles. De joven sentía inclinación por el deporte por eso lo mismo jugaba pelota que se le veía boxeando, en la antigua Arena Colón, en Zulueta y Dragones. En 1925 se iniciaba con el Sexteto Habanero con el que cantó en una fiesta familiar, pero asómbrense ustedes fue por pura casualidad porque en ese tiempo era chofer de alquiler de esa misma agrupación, que al descubrirlo no dudó en contratarlo. También perteneció al Sexteto Boloña. En 1927 se unió al Septeto Nacional de Ignacio Piñeiro con el que viajó a Nueva York para grabar.

Más tarde viajaría a España con la compañía de variedades La Camelia. Con Rafael Enrizo, Nené, crea el septeto Agabama y estuvo con la orquesta de Ernesto Muñoz, en la que cantaba el malogrado Fernando Collazo.

Posteriormente, el cantante se une a Orestes López para fundar la charanga López-Barroso, que mucho gustó entre los bailadores. Tuvo su Septeto Universo y el llamado Pinin, de breve vida. Pasaría el intérprete por otras agrupaciones como la orquesta de Calixto Allende y la de Everardo Ordaz. El público le reclamaba sobre todo piezas como «El guapo Fantomas», «La milonga», «El panquelero» y él, claro, complacía a todos. Por su voz de amplio registro llegaron a llamarlo el Caruso cubano.

A la muerte de Fernando Collazo, de cuya amistad gozó, ingresó en la orquesta de Juan Pablo Miranda la Maravilla del siglo XX.

Al paso del tiempo, la estrella de Barroso fue declinando, otros géneros ocupaban la atención en los bailables. Entonces tuvo que trabajar en el cabaret Sans Souci tocando las claves o la percusión. También integró la Banda de la Policía.

Volvería a los primeros planos, a fines de la década del cincuenta, con la orquesta Sensación de Rolando Valdés, donde se anotó nuevos triunfos con «Tiene sabor», «El guajiro de Cunagua», «La hija de Juan Simón» y «En Guantánamo». Durante esa etapa viajó con esa agrupación a Miami y a Nueva York.

En 1957 grabó el popular número «En Guantánamo» que ganó Disco de Oro. Otro fonograma muy demandado fue *Abelardo Barroso. El alma de Cuba*, con acompañamiento del conjunto de Severino Ramos.

Barroso cantó en el Auditórium durante el Primer Festival de Música Popular Cubana en 1962. En esa ocasión interpretó los números «La loma de Belén» y «Caballero, silencio».

El artista se mantuvo en la popularidad hasta que enfermó de las cuerdas vocales y hubo que operarlo. Falleció el 27 de septiembre de 1972. Quedan sus discos, queda su voz, esa que bordó un bolero-son que llegó al corazón de todos: «El huerfanito», su pieza preferida, según dio a conocer.

*Benny Moré, Abelardo Barroso y Rolando Laserie. Cabaret Tropicana, Cuba*

# CONVERGENCIA: CON EL ALMA DOLIENTE

Una poética pieza de nuestro cancionero es el bolero-soneado «Convergencia» con letra de Bienvenido Julián Gutiérrez y música de Marcelino Guerra, Rapindey. Es posible que su primera grabación la reaalizara el Cuarteto Machin, en 1939, en Nueva York. Fue un éxito absoluto de Miguelito Cuní, acompañado por la orquesta de Chappottín. Muchos años después, el cantante pinareño hizo otra creación de esta pieza junto a Pablo Milanés. Más recientemente, la compañía Nube Negra, en Bilbao, grabó un disco que incluye «Convergencia», cantado por Omara Portuondo.

*Aurora de rosa en amanecer,*
*nota melosa que gimió el violín,*
*novelesco insomnio do vivió el amor,*
*así eres tú, mujer.*
*principio y fin de la ilusión.*
*así eres tú en mi corazón,*
*así vas tú de inspiración.*
*Madero de nave que naufragó,*
*piedra rodando sobre sí misma,*
*alma doliente vagando a solas,*
*de playas olas, así soy yo,*
*la línea recta que convergió*
*porque la tuya al final vivió.*

Nacido en 1904, en La Habana, Bienvenido se distinguió como compositor de temas para el famoso coro de guaguancó Los Roncos. Entre sus obras figuran «Carmelina», «Prefiero morir primero», «Rompe el fuego», «El diablo tun tún», «El caramelero», «Ahí está el veneno», «Sensemayá», «Tú te acordarás», «Ja ja já que risa me da», «La fonda de Bienvenido», «Con un solo pie», «Vuelve a besar» y «Cobarde no».

En Sones de Ayer, LP del sello Gema, editado en 1958, se escucha la voz de Miguelito Cuní interpretando obras del compositor habanero. Por cierto, que Bienvenido se inspiró en la Virgen del Cobre para la pieza «Los tres Juanes» también dedicada a los pescadores que en el mar tuvieron la visión de la Patrona de Cuba.

Según la autorizada opinión de Rosa Marquetti, en su *blog* *Desmemoriados:*

El tema de la religiosidad afrocubana, la cultura yoruba y los festejos asociados a ella también están presentes en la obra de Bienvenido con increíble inspiración y calidad. Todo tenía que ver con los dones en que vino al mundo, con su cultura empírica y también con el medio en que nació y le tocó vivir: los barrios habaneros más próximos a la zona del puerto y su tradición religiosa, sonera, rumbera. Con Sensemayá, Bienvenido Julián Gutiérrez se inserta en la llamada conga fever, que se vivió a inicios de los años 40 en Estados Unidos. Una rara grabación aparece consignada en los archivos de University of California y su proyecto Discography of American Historical Recording: la que hiciera el cantante

Luis Rijos con la orquesta de Orlando de la Rosa el 4 de junio de 1941. Al parecer en esta fijación sonora de esta obra de Bienvenido que un año después, el 27 de julio de 1942, es grabada por Miguelito Valdés con Machito y sus Afrocubans es ahora clasificada como guaracha, aunque sigue siendo una conga. Otra curiosa grabación de esta pieza es la que hizo el mexicano Miguel Aceves Mejías con la orquesta de Juan S. Garrido en 1944 (Peerlees–2515). Será grabada también por Armando Oréfiche y los Lecuona Cuban Boys en los años 50.

La rumba Con su bata de Oyá fue asumida por la Orquesta Casino de la Playa cantando Carlos Díaz y fijada en el acetato en 1959. En Celia Cruz su guaracha Bambolaye tuvo una intérprete inigualable (no confundir con Mi bambolaye, de Estanislao Serviá, en versiones de Roberto Faz, Andy Montañez con Dimensión Latina 78, ni tampoco con el tema homónimo grabado por Alfredito Valdés Jr.) Otras piezas en este ámbito son Ochún, Bacoso, Ibio Congo y otras.

La música de este autor, hoy casi olvidado, fue interpretada, entre otros, por Tito Puente, Olga Guillot, Carlos Embale, René Álvarez, Orlando Contreras, Vicentico Valdés, Ismael Rivera, Daniel Santos, Johnny Ventura, Orlando Guerra, Cascarita, Ibrahím Ferrer, Oscar D'León, Pancho Amat, Renesito Avich, Andy Montañez, Orquesta Casino de la Playa y Alain Pérez.

Bienvenido, el creador de guarachas, sones y boleros, murió en su ciudad natal el l0 de diciembre de 1996.

En cuanto a los datos biográficos de Marcelino Guerra, informan que nació en Cienfuegos en 1914. Su apodo se debe a que cuando era niño hacía mandados con tremenda rapidez por lo que no tardaron en bautizarlo como Rapindey.

Al trasladarse a La Habana en 1931 el guitarrista no tardó en incorporarse a agrupaciones como el Septeto Nacional de Ignacio Piñero, el Habanero y el Cauto. También formó parte del Conjunto Vocal Siboney, que dirigió Isolina Carrillo. Formó filas, además, en los septetos de Sans Souci, Orbe, Los Leones y el Conjunto de Arsenio Rodríguez.

Se radicó en Nueva York, donde fue contratado como arreglista. Integró los AfroCubans de Machito y Mario Bauzá e hizo actuaciones con Chano Pozo.

En 1944, en Manhattan, el mexicano Trio Los Panchos, graban otro *hit* de Rapindey, la guajira «Me voy pal pueblo».

En 1976, fundó su propia orquesta con la que trabajó en importantes escenarios de Estados Unidos. Finalmente, fijó su residencia en España. Falleció en Campello, Alicante, el 30 de julio de 1996.

Entre los boleros del catálogo autoral de Rapindey, se registran: «A mi manera», con texto de Panchito Carbó. De su binomio autoral con Julio Blanco Leonard surgieron obras muy gustadas como «Buscando la melodía» y «La clave misteriosa», que popularizó Pablo Quevedo. Además, compusieron «Maleficio» y «Volví a quererte». En la línea del afro llevó al pentagrama: «Bartamú», «Lamento lucumí» y «Un juramento en las tinieblas».

# RICARDO PERDOMO Y SU AMOR SOÑADO

como joven tenía hambre de amor; por eso, cuando veía a una mujer admirable soñaba con tenerla en sus brazos. A veces, lo lograba, otras, no. Al ver a una esbelta trigueña en una populosa calle habanera, se llevó la mano al corazón para calmar los intensos latidos que su presencia le provocaba. ¿Quién era? ¿De dónde había salido? Las preguntas se fueron tras la figura femenina. Nunca más volvió a ver aquellos ojazos negros que por breves minutos se clavaron en los de él, más aquella beldad despertó su alma de poeta. Ricardo García Perdomo, imaginó el romance, la ruptura y surgió «Total»; primero, hizo los versos, que engavetó durante varios años hasta que por esos raros impulsos creativos les puso música y en 1948, dio a conocer ese bolero, que lo hizo famoso en Cuba y el extranjero.

*Pretendiendo humillarme pregonaste*
*el haber desdeñado mi pasión*
*y fingiendo honda pena imaginaste*
*que moriría de desesperación.*
*Total, si me hubieras querido*
*ya me hubiera olvidado de tu querer,*
*ya vez, que fue tiempo perdido*
*el que tú has meditado*
*para ahora decirme que no puede ser.*
*Pensar que llegar a quererte*
*es creer que la muerte*
*se pudiera evitar.*
*Total, si no tengo tus besos*
*no me muero por eso,*
*ya yo estoy cansado de tanto besar.*
*Vivir sin conocerte, puedo vivir sin ti.*

200

En cuanto el origen de este número se ha dicho también que Ricardo, en su juventud, fue muy enamorado e incluso tuvo muchas conquistas dado su buen físico y galantería. Una de las veces su romanticismo lo llevó hasta una empleada de servicio a la que invitó a salir. Ella acudió a la cita, pero fue solo para insultarlo, pues al preguntar por él se enteró de su fama de picaflor con numerosos romances.

A Celio González con la Sonora Matancera correspondió en 1959, la primera grabación de «Total». En solo tres meses este cantante vendió 53 mil copias en México. Además, la citada pieza se convirtió en un *hit* vitrolero de Fernando Álvarez. Con amplísima difusión internacional se considera que es uno de los boleros más versionados en la historia del género. Lo llevaron a su estilo Olga Guillot, Berta Dupuy, Ñico Menbiela, Lucho Gatica, Plácido Domingo, Cheo Feliciano, Oscar de León, Vicky Carr... Como una curiosidad podemos decir que Bienvenido Granda lo grabó en dos ocasiones: una con la Sonora Matancera y otra vez lo hizo con un mariachi.

De la autoría de García Perdomo son las piezas «Asombro», «Que te cuesta», «Todo se paga», «Sin reproche», «He vuelto a buscarte», «Invierno en el corazón», «Quiero», entre otras de su catálogo. Algunas de esas piezas fueron interpretadas por cantantes como Daniel Santos, Gina León y Nelo Sosa,

Nacido en 1920, en Santa Clara, Las Villas, García Perdomo murió en 1996, en Estados Unidos, donde se había radicado.

# RICARDO PÉREZ, CONSAGRADO BOLERISTA

Vivió los buenos rumbones sazonados con calientes tragos de ron barato en su querido barrio de Atarés, cuna del género, y conoció a los más mentados de esa época; se codeó de tú a tú con Tío Tom y Chavalonga, disfrutó el «Yiri yiri bon», de Silvestre Méndez; sus ojos admiraron los toques del más sobresaliente conguero que se recuerda: Sí, Chano Pozo percutiendo con una sabrosura inimitable. ¡Grande! ¡Qué grande fue! En la historia de Ricardo están otros compositores: ¿Cómo olvidar a músicos tan valiosos como Arsenio Rodríguez o Arcaño?

Por aquel entonces no solo la música le llegó al corazón, sino que también bailaba jazz como nadie. Las muchachas se lo disputaban porque parecía tener alas en los pies. Los conjuntos de swing norteamericano no solo arrebataban, sino que influían y de qué manera en José Antonio Méndez, Portillo de la Luz, Ángel Díaz… Gente brava de verdad cuando hacían gemir la guitarra, tal vez por un amor ausente.

Ricardo tuvo que desempeñar diversos oficios para llevar el sustento a su casa: albañil, herrero, estibador…

Estudió en el Conservatorio Municipal de La Habana. Compuso «Tú me sabes comprender» (Vida) cuando se enamoró perdidamente de la mujer que luego fue la madre de sus hijos. A ella, le dedicó otro bolerón «Qué te hace pensar» (Alma mía). En cuanto a «Vida» en la voz de Benny hizo verdadero furor tanto en las emisoras radiales, programas de la TV como en las vitrolas.

*Vida, desde el día que te vi*
*vida no sé, lo que sentí*
*tal vez lo presentí*
*que me querías.*
*Me embriagaste con tu risa*
*me extasié con tu presencia*

*todo en ti es maravilloso,*
*no concibo tanta dicha,*
*soy feliz.*
*Vida, desde que te conocí*
*no existe un ser igual que tú, vida*
*que me sepa comprender.*

Ambas piezas lo consagraron como uno de los creadores de más pegada dentro del género.

Popularizó obras como la samba «Domitila», dónde va, incluida en la película *Nuestro hombre en La Habana* y «Ese atrevimiento», bolero-guaguancó, en el repertorio de Irakere.

Interpretaron los números de Ricardo Pérez: Miguel de Gonzalo, Rolo Martínez, Pacho Alonso, Gina León, Orlando Vallejo, Celeste Mendoza, Rolando Laserie, Caridad Cuervo, Manuel Licea, Puntillita y las agrupaciones: Gloria Matancera, América, Aragón, Aldemaro Romero, Julio Gutiérrez, Los Papines, entre otras.

Respaldado por su Banda Gigante, Benny Moré recreó en discos «Tú me sabes comprender» y «Qué te hace pensar».

Las obras de Ricardo están en las cintas cubanas *Aquella larga noche, Río negro, Un hombre de éxito*, gallego y *Fresa y Chocolate*, además en el documental *Qué bueno canta usted* y en el filme norteamericano *Havana*, del actor y realizador Robert Redford.

El también percusionista dejó de existir el 29 de marzo de 2010. Tenía 87 años.

*Ricardo Pérez*

# BIBLIOGRAFIA

Acosta, Leonardo. *Elige tú, que canto yo*. Ediciones Unión, La Habana, 1993.
———*Descarga cubana: el jazz en Cuba 1900-1950*. Ediciones Unión, La Habana, 2000.
———*Otra visión de la música popular cubana*. Ediciones Museo de la Música, La Habana, 2014.

Betancourt Molina, Lino. *La trova y el bolero. Apuntes para una historia*. Editora Musical Producciones Colibrí, La Habana, 2011.
———*Lo que dice mi cantar*. Colección A guitarra limpia. Centro Cultural Pablo de la Torriente Brau, La Habana, 2015.

Borges Triana, Joaquín. *La luz, bróder, la luz*. Canción Cubana Contemporánea. Ediciones La Memoria. Centro Cultural. Pablo de la Torriente Brau, La Habana, 2009.

Calderón González, Jorge. *María Teresa Vera*. Editorial Letras Cubanas, La Habana, 2000.
———*Nosotros, la música y el cine*. Universidad Veracruzana, Veracruz, 1986.

Casanellas Cué, Liliana. *En defensa del texto*. Editorial Oriente, Santiago de Cuba, 2000.

Casaus Víctor y Luis Rogelio Nogueras. *Silvio: que levante a mano la guitarra*. Editorial Letras Cubanas, 1994.

Cañizares, Dulcila. *Gonzalo Roig. Hombre y creador*. Editorial Letras Cubanas, 1999.

CARPENTIER, Alejo. *La música en Cuba*. México. Fondo de Cultura Económica, 1946.

COSTALES, Adolfo (antologador). *Creadores, canciones e intérpretes de la nueva trova*. Departamento de Actividades Culturales. Universidad de La Habana, 1978.

DÍAZ, Clara. *Pablo Milanés*. Editorial Letras Cubanas, La Habana, 2005.

——*Silvio Rodríguez Canción adentro*. Ediciones Unión, 2011.

—— *Sobre la guitarra, la voz*. Editorial Letras Cubanas, La Habana, 1994.

DOUGLAS, María Eulalia. *Catálogo del cine cubano 1897-1960*. Ediciones Icaic, La Habana, 2008.

HERNÁNDEZ, Erena. *La música en persona*. Editorial Letras Cubanas, La Habana, 1986.

FAJARDO Estrada, Ramón. *Deja que te cuente de Bola*. Editorial Oriente, Santiago de Cuba, 2011.

FERNÁNDEZ, Teresita. *Arco tenso. Sed de belleza*. Editores, Santa Clara.

GARCÍA Alonso, Maritza. *El ámbito musical Habanero de los 50*. Centro de Investigación y Desarrollo de la Cultura. Juan Marinello, La Habana, 2005.

GARCÍA Meralla, Emir (Compilación y notas) *Noventa y nueve Composiciones Cubanas de Amor. Salsa Cubana*. Publicaciones Imago, 1998.

GÓMEZ, Jorge (antologador) *Canciones de la nueva trova*. Editorial Letras Cubanas, La Habana, 1981.

GONZÁLEZ, Reynaldo. *El más humano de los autores*. Ediciones Unión, 2009.

LEÓN, Argeliers. *Del canto y el tiempo*. Editorial Letras Cubanas, La Habana,1984.

LEÓN, Carmela de. Sindo Garay. *Memorias de un trovador*. Letras cubanas, La Habana, 1990.

LINARES, María Teresa. *La música popular en Cuba*. Instituto Cubano del Libro. Serie cuadernos populares, La Habana, 1970.

LÓPEZ Sánchez, Antonio. *La canción de la Nueva Trova*. Atril. Ediciones Musical, La Habana, 2001.

LÓPEZ Óscar, Luis. *La radio en Cuba*. Editorial Letras Cubanas, La Habana, 1998.

LOYOLA Fernández, José. *En ritmo de bolero*. Ediciones Unión, La Habana,1997.

MARQUETTI, Rosa. *Desmemoriados*. *Historias de la música cubana*. Editorial Ojalá, 2018.

MARTÍNEZ Mayra A. *Cubanos en la música*. Editorial Letras Cubanas, La Habana, 1993.
———*Cuba en voz y canto de mujer*. La música en voces femeninas. Volúmenes 1 y 2. Editorial Oriente. Santiago de Cuba, 2018.

MARRERO, Gaspar. La orquesta Aragón. Editorial José Martí, La Habana, 2001.

MARTÍNEZ, Raúl. *Benny Moré*. Editorial Letras Cubanas. La Habana, 1981.

MATEO Palmer, Margarita. *Del bardo que te canta*. Editorial Letras Cubanas, La Habana, 1988.

MESTAS Alfonso, María del Carmen. *Pasión de rumbero.* UnosOtrosEdiciones, Miami, 2020.

MUGUERCIA, Alberto. *Conversación con Radamés Giró. Nuestros autores.* Biblioteca Nacional, La Habana, 1985.

NASSER, Amín E. *Benny Moré.* Ediciones Unión, La Habana, 1983

OJEDA Vila, Miguel. *La Macorina.* Editorial Letras Cubanas, La Habana, 2014.

OREJUELA Martínez, Adriana. *El son no se fue de Cuba.* Claves para una historia 1959-1973. Editorial Letras Cubanas, La Habana, 2006.

PADRÓN, Frank. *Ella y yo. Diccionario Personal de la Trova.* Editorial Martí, La Habana, 2014.

PÉREZ, Amaury. *Las canciones.* Ediciones Boloña, La Habana, 2003.

PÉREZ Machado, José Luis. Antonio Machín. *Dos gardenias para un ángel negro.* Ediciones Museo de la Música, La Habana, 2012.

REYES Fortún, José. *El arte de Benny Moré Ofrenda criolla II* Ediciones de la Música, 2009.

ROBREÑO, Eduardo. *Del pasado que fue.* Editorial Letras Cubanas, La Habana, 1978.

RODRÍGUEZ Rivera, Guillermo. De literatura, de música. Ediciones Unión, La Habana 2010.

RODRÍGUEZ, Silvio. *Cancionero.* Editorial Letras Cubanas, Ojalá, La Habana, 2008.

ROQUE García, Juan Carlos. *Cómo Cuba puso a bailar al mundo. Veinte años del Buena Vista Social Club.* Ediciones Unión, La Habana, 2017.

Sexto Luis y Viñas Alfonso. *Nosotros que nos queremos tanto.* Editorial Pablo de Torriente. Unión de Periodistas de Cuba, La Habana, 2011.

Valdés, Marta. *Donde vive la música.* Ediciones Unión, La Habana, 2004.
———Palabras. Ediciones Unión, La Habana, 2013.

## Publicaciones periódicas

Acosta, Leonardo. «Hablemos de la Nueva Trova». *Revolución y Cultura.* Diciembre, 1975. La Habana.
———«La Nueva Trova ¿Un movimiento masivo?» *Revolución y Cultura* (La Habana) no 63. 11/1977.

Caamaño de Cárdenas. «La verdadera historia de Boda negra». *Bohemia.* Primero de enero, 1956

209

Lam, Rafael. «Barbarito Diez. La voz del danzón». *Tropicana Internacional.* 24, 2006.

Pérez, Juan Carlos. «Música cubana. Al compás de la escritura». *El Nacional.* Julio 2,1996. Caracas. Venezuela.

Mestas Alfonso, María del Carmen.
«Al final de los sueños». *Revista Mujeres* 2/2013.
«Amaury Pérez. Por el camino de la canción». *Revista Muchacha,* 6/ 1982.
«Amores con la buena música». *Revista Mujeres* 2/2013.
«Atiéndeme, quiero decirte algo». *Revista Mujeres.* 2/2013.
«Boda negra». *Mujeres* 4/ 2001.
«Con aroma de gardenias». *Revista Mujeres,* 2007.
«Como mil noches en el mar». Suplemento cultural. Periódico *El Habanero.*12 de marzo, 1989.
«Con Pablo Milanés». *Revista Muchacha,* 1/1984.
«Conversatorio con jóvenes creadores». Entrevista con Sergio Vitier, Silvio Rodríguez y Noel Nicola. *Revista Romances,* 1968.

«Donato y Santiago. Trovadores del amor». Septiembre 1981.

«Del bardo y su musa». *Revista Mujeres* 2/ 2001.

«Desde el sereno lago de Lucía». *Revista Mujeres* 2/ 2001.

«El divo de la voz de cristal». *Revista Mujeres* 2/ 2001.

«Emiliano Blez. Adiós a la trova». *Revista Romances* 7/1973.

«¿Está actualizada la música cubana?». *Revista Romances* 7/1977.

«Estaciones de vidrio». *Revista Mujeres* Junio-Julio 1991.

«Esta vez con Silvio Rodríguez». *Revista Muchacha.* 8/1982.

«Filin esa música de siempre». *Revista Muchacha* 9/1983.

«Formell en 3 y 2». *Revista Muchacha* 2/1989.

"Formell", La mucha música en su corazón. *Revista Muchacha* 9/1983.

«¿Ha olvidado la Nueva Trova la canción de amor?». Revista *Bohemia*, 1980.

«Historia de amor». *Mujeres* 4/2001.

«Jazz: Muchas pasiones a la vez». *Revista Mujeres.* Primer semestre, 2019.

«La conga más famosa». *Revista Bohemia*, 1983.

«Mujeres en la trova joven». *Revista Romances* 11/1974.

«Pablo: Razón de amor». *Revista Muchacha* 4/1986.

«Palabras en la evocación». *Revista Mujeres.* 3/ 2006.

«¡Qué manera!» *Revista Mujeres.* Febrero-Marzo, 1991.

«Silvio desde que abrió los ojos». Periódico *El Habanero*, 1989.

«Silvio y sus canciones». *Romances.* Abril, 1970.

«Sindo Garay. La música por dentro». Abril, 1973.

«Trovadas de mujer» *Revista Mujeres.* Primer semestre 2019.

«Una celebración de amor». *Revista Mujeres.* Segundo semestre 2019.

«Un canto vital y solidario». *Revista Romances.* 7/1978.

Arenal, Humberto. «La última carcajada de La Lupe». *La Gaceta de Cuba.* Mayo-junio 1997.

Faget, Senobio. «La gorda del Bar Celeste». *Salsa Cubana.* Año 1, no.4, 1998.

Martínez, Raúl. «La Lupe». *Salsa Cubana* Año 1. No 4,1998.

Parra, Isabel. «Silvio Rodríguez. Ojalá». Hoy. Año V, No, 221. Semana del 14 al 20 de octubre de 1981. Santiago de Chile.

Pérez, Juan Carlos. Música cubana. «Al compás de la escritura». *El Nacional.* Julio 2,1996. Caracas. Venezuela.

Diccionarios

GIRO, Radamés *Diccionario Enciclopédico de la Música en Cuba* Tomos 1, 2, 3 y 4. Editorial Letras Cubanas. La Habana, 2007

OROVIO, Helio: *Diccionario de la música cubana. Biográfico y técnico.* Editorial Letras Cubanas, 1981.

VALDÉS, Alicia. *Diccionario de mujeres notables en la música cubana.* Ediciones Unión, 2005.

Este libro es, sobre todo, un homenaje a todos los rumberos cubanos que en distintas épocas han contribuido a engrandecer el género. Hay que sentir verdadera pasión por la rumba para escribir algo así, a ritmo de tambor bailan los recuerdos a través de testimonios de primera mano recogidos durante más de cincuenta años a personajes de la talla de Mañungo, el Rafael Ortíz del 1,2,3..., la conga más famosa del mundo, a Tío Tom porque a esta fiesta de caramelos si pueden ir los bombones o a Petrona, orgullosa de haber nacido en la Timba, la hermana de Chano Pozo, bebe de la fuente original y nos brinda un valioso documental para saciar nuestra insaciable sed por la música cubana. Como es mujer, la autora, no olvidó a la mujer rumbera, tan preterida, tan maltratada hasta por el propio ritmo y los propios rumberos, aquí estamos con Nieves Fresdena, Merceditas Valdés, Celeste Mendoza, Teresa Polledo, Natividad Calderón, Manuela Afonso, Zenaida Almenteros, Estela, con Yuliet Abren, La Papina, representantes de la nueva generación. Y si de juventud y relevo se trata hay que resaltar en esta edición la inclusión de las generaciones actuales de rumberos, los encargados de seguir el legado y mantenerlo vivo, fresco en los bailadores en estos tiempos de reguetón. Aquí también están Iyerosun, Timbalaye, Osaín del Monte y Rumbatá.

Y ya el Benny no podrá lamentarse en su centenario de la muerte física: *Qué sentimiento me da, cada vez que yo me acuerdo de los rumberos famosos... volveremos a ir a la rumba con Malanga...* con Chano y con María del Carmen Mestas, porque la rumba tiene nombre de mujer.

# PASIÓN
# DE RUMBERO

Entrevistas, anécdotas, crónicas, testimonios, reseñas y fichas con datos de rumberos

María del Carmen Mestas

**María del Carmen Mestas**

Periodista cubana, poeta y narradora. Licenciada en Ciencias Políticas, Universidad de La Habana.

Se ha desempeñado como peridosita en diversas publicaciones: *Combate; Romance; Radio Habana Cuba; Muchacha, y Mujeres.* Tiene publicados los libros: *Cantos y rondas (1993); Pasión de rumbero (1998); Trampas, retratos y un 17 rojo,* en coatoria con Antonio López Sánchez y Marcel Luiero (2006); y de *Amores, fantasmas y otras historias* (2010), *Pasion de rumbero* (UnosOtrosEdiciones, Miami, 2020). Su obra para niños aparece en selecciones y antologias.

Ha obtenido premios y menciones en concursos de literatura infantil y juvenil. En 2013 recibió el Premio Extraordinario Iberoamericano Chamán.

215

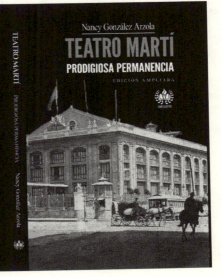

Ella tenía un sueño: Visitar una iglesia en los Estados Unidos y oír esos coros de afronorteamericanos con aquellas voces angelicalmente terrenales. De pronto llegó a sus manos este libro: *Estrellas de la música afronorteamericana*, una «catedral a la música góspel», le ofrecía la vida y obra de aquellos que había crecido escuchando: Ella Fitzgerald, Muddy Waters, Sam Cooke, Otis Redding, Dionne Warwick, Stevie Wonder, Ray Charles, Diana Ross, Chuck Berry, Michael Jackson, Aretha Franklin, Gladys Knight, Barry White, James Brown, The Jackson 5 y Kool & The Gang, entre otros.

Ella leyó este libro y se sintió «bendecida» …

DULCE SOTOLONGO

En este nuevo libro, Joao Fariñas se ocupa del tránsito en su esquina más candente, la explosión de la música popular afronorteamericana que sienta pautas en la estructura musical, la lírica, el fraseo y el ritmo para establecer el que puede considerarse como el ángulo más sudar de todos estos cambios, la renovación del *blues*, el nacimiento del *rhythm and blues*, la aparición del *soul* y el estallido del componente negro en el *rock and roll*.

FRANCISCO LÓPEZ SACHA

ESTRELLAS DE LA MÚSICA AFRONORTEAMERICANA

Joao Fariñas

Joao Fariñas

# ESTRELLAS DE LA **MÚSICA** AFRONORTEAMERICANA

## 1950-1980

UNO2OTROS / MÚSICA

Si te contara: cuatro reportajes con músicos cubanos, es el fruto de una investigación intensa que Jairo Grijalba Ruiz realizó en los Estados Unidos y en las Antillas en un periodo de veintiocho años, que incluyó una serie de entrevistas con tres músicos cubanos: Panchito Riset, Orlando Collazo y Osvaldo Rodríguez. También se incorpora al texto, la conversación que el autor sostuvo con Marlena María Elías, fanática de Marcelino Guerra, quien recordó algunas de sus experiencias al lado de ese destacado cantante, compositor y guitarrista folklórico en 1996.

El autor logra reconstruir, gracias a sus entrevistas, episodios desconocidos de la historia de la música cubana desde las voces de sus protagonistas: sus memorias se remontaban a las barriadas bulliciosas de La Habana, a los solares periféricos del barrio de Luyanó, a los campos agrestes de Los Arabos, a las fábricas de cerveza donde organizaban conciertos formidables y a las fiestas solariegas frente al malecón, donde jóvenes y ancianos con sus guitarras ensayaban canciones hasta que el sol despuntaba en el horizonte. Al fragor de las conversaciones también llegaron los vientos ciclópeos de la revolución política que sacudió a esta isla del Caribe a finales de los años cincuenta, y que dejó a más de un millón y medio de cubanos dispersos en el mundo. Esta investigación, además de penetrar en el espíritu musical de la isla, logra sumergirnos en la vida cotidiana de los cubanos, tanto en su tierra natal como en otras geografías trazadas por las rutas del exilio.

En este libro se explora la vida de Panchito Riset, Marcelino Guerra, gran guitarrista e inspirado autor de «Me voy pa'l pueblo» y coautor de «Convergencia». El tercer músico, es Orlando Collazo, el cantante de La Charanga de Neno González. El cuarto músico, es el maestro Osvaldo Rodríguez, cantante y guitarrista cubano, considerado uno de los grandes renovadores del bolero y de la canción de amor. Fundador del Cuarteto Voces del Trópico que después se convirtió en el legendario grupo rockero Los 504.

SI TE CONTARA, CUATRO REPORTAJES CON MÚSICOS CUBANOS

Jairo Grijalba Ruiz

# SI TE CONTARA

## CUATRO REPORTAJES CON MÚSICOS CUBANOS

PANCHITO RISET
MARCELINO GUERRA
OSVALDO RODRÍGUEZ
ORLANDO COLLAZO

Jairo Grijalba Ruiz

9 781950 424467

UNO2OTROS / MÚSICA

Un día, el novelista cubano Guillermo Cabrera Infante le pidió a Rolando Laserie, compañero suyo en el exilio y su amigo personal, que le escribiera unas memorias sobre su vida. Realmente no sabemos qué pretendía, si hacer una novela, una biografía o un cuento, pero el mero hecho de que se haya interesado en el músico Laserie, demuestra la admiración y respeto que siente hacia su coterráneo. Entonces el «viejo Laserie» lleno de nostalgia, música y recuerdos, disciplinadamente pone en papel su historia y gracias a ello, hoy contamos en este libro con confesiones suyas sobre músicos como El Benny Moré, Ernesto Duarte, Agustín Lara, Lola Flores, Álvarez Guedes, Olga y Tony, y Celia Cruz, entre otros.

Distingue este apasionante libro un testimonio fotográfico de un valor incalculable que fue celosamente guardado, primero por la esposa de Rolando, Tita y después por la sobrina-hija, Giselita, que lo puso en manos de este autor como un regalo para la cultura cubana y latinoamericana.

Lázaro Caballero, ha sabido mezclar la voz de Laserie a su propia voz como narrador, con respeto, sin altanería o exhibicionismo de intelectual de pose, es un cubano amante de la música, el que cuenta una historia donde se pone en primer lugar el amor a la patria, a la pareja, a la amistad, un amor que derriba la discriminación racial y la distancia. Es un homenaje, en la figura de Rolando, a esos artistas que un día abandonaron la isla y expandieron su cubanía más allá del suelo que los vio nacer. En cuanto a Cabrera Infante, mencionó en su obra en más de una ocasión a Rolando Laserie, así recuerda cuando lo conoció en 1958: «Cantando, él era muy grande, en segundo lugar, después de Benny Moré»

¡DE PELÍCULA!

# ROLANDO LASERIE

ROLANDO LASERIE

Lázaro Caballero Aranzola

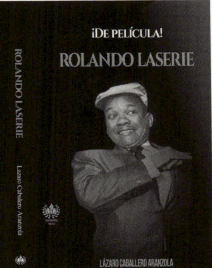

LÁZARO CABALLERO ARANZOLA

«(...) Elena Burke llevaba la canción más allá del mero límite de tónica-dominante-tónica en que se había mantenido durante decenios, introduciendo acordes inusitados en la música popular cubana... ».

Guillermo Cabrera Infante

«Elena Burke descubre con su voz lo que hay en su interior. Por eso por donde pasa deja huella y deja huella porque sus interpretaciones consiguen imponer en el escucha el texto, la melodía y el ritmo de las canciones».

Gabriel García Márquez

«Ella, cuando aún yo no tenía una personalidad definida como intérprete —ni siquiera como compositor— cantaba mis canciones; ella se me adelantó, creyó en mí desde el principio, popularizó "Para vivir", "Mis veintidós años" "Ya ves", lo cual le agradezco infinitamente».

Pablo Milanés

«Elena Burke para mí, la mejor cantante de boleros que hemos tenido en Cuba. Primero su voz, una voz que llena mucho, tiene una voz de potencia, es una gente muy sensible como música intérprete extraordinaria..., pero Elena nunca, pero nunca tendrá sustituta, es insustituible... »

Omara Portuondo

«Yo pienso que Elena Burke es una de las cantantes más grandes que ha dado el mundo... ».

Meme Solís

«La veo como varias Elenas en una, Elena el icono, Elena mi abuela, Elena la inspiración y eterna pasajera».

Lena Burke

Zenovio Hernández Pavón

# ELENA BURKE
## LA SEÑORA SENTIMIENTO

ELENA BURKE LA SEÑORA SENTIMIENTO

Zenovio Hernández Pavón

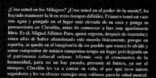
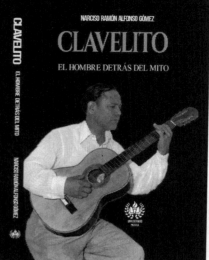

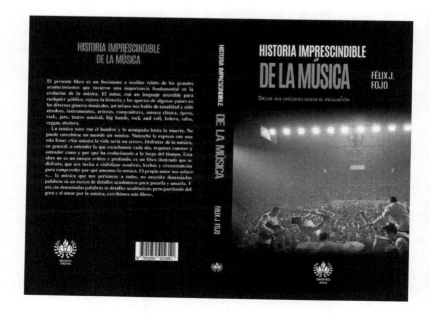

## Andrés Echevarría Callava, Niño Rivera

El Niño Rivera, uno de los treseros más importantes de la historia de la música cubana, fue un innovador, vanguardista, uno de los compositores y arreglista más importante de su tiempo. Su obra «El Jamaiquino» se convirtió en un *standart* de la música cubana.

CHUCHO VALDÉS

Esta es la historia de uno de esos pioneros que hoy se describen como progenitores de la música cubana, y de su extraordinaria y productiva vida. El libro recoge momentos importantes de la vida del Niño, en su trabajo y su colaboración con numerosos conjuntos y solistas como tresero, arreglista, transcriptor y director. La autora presenta con sustentados detalles la contribución del músico al género mundial más conocido de la música cubana —el son—, con un análisis enfático de otro género surgido en Cuba: el *feeling*.

NELSON GONZÁLEZ

La creación de este documento histórico, que contribuirá a poner el nombre de Andrés Echevarría Callava, el Niño Rivera, en el lugar que merece dentro de la lista de los imprescindibles de nuestro mundo musical.

PANCHO AMAT

UNOSOTROS

El Niño con su tres

Rosa Marquetti Torres

Andrés Echevarría Callava, Niño Rivera
## El Niño con su tres
### Rosa Marquetti Torres

219

---

# ORQUESTA ARAGÓN

Es curioso que en el ámbito de la música universal se publique menos biografías de orquestas, que de cantantes, tanto del género popular, como del clásico.

Cuando recibí la reciente biografía sobre la orquesta Aragón, del destacado investigador y escritor cubano Gaspar Marrero, sentí gran sorpresa, pues ya esta agrupación había sido objeto de un trabajo investigativo del propio Marrero...

La diferencia entre este y los anteriores trabajos sobre el grupo, radica en el riguroso detalle con que el autor analiza el aporte individual de todos sus integrantes, desde un recuento pormenorizado de la hoja musical de cada uno de los fundadores y su historial; las características de los músicos en el uso del instrumento de que se trate, hasta el mínimo dato referente a cantantes y directores. Con igual enumeración se describen sus viajes; sus grabaciones, que son muchas las cambios de personal, que lógicamente en un periodo tan extenso son frecuentes.

Existe la posibilidad, de que Estados Unidos sea el país que reúna mayor número de grupos musicales con grabaciones realizadas, pero muy pocos de ellos han sido biografiados, y ninguno con la puntualidad de Marrero. No creo que exista, en lengua española, otra publicación tan voluminosa ni con tan importante contenido, dedicada a la biografía de un grupo musical determinado.

Por supuesto, es un libro indispensable para cualquier lector que quiera saber a fondo sobre la música cubana.

Cristóbal Díaz Ayala

LA REINA DE LAS CHARANGAS

ORQUESTA ARAGÓN

LA REINA DE LAS CHARANGAS
## ORQUESTA ARAGÓN
NUEVA EDICIÓN AMPLIADA

UNOSOTROS
MÚSICA

### GASPAR MARRERO

## YO SOY EL CHACHACHÁ. ORQUESTA AMÉRICA NINÓN MONDÉJAR

La orquesta América y el ritmo chachachá constituyó un fenómeno musical sobresaliente del siglo pasado de Cuba, así de exitoso hoy el mundo sigue disfrutando del sin igual baile, pero sí es grande su historia, ha sido de igual disputada la paternidad de su creación. Muchos la atribuyen a Enrique Jorrín Aleaga y otros a Ninón Mondéjar. Esta controversia persiste hoy en día en la historia de la música popular cubana, pero en su momento también derivó en la irreparable y definitiva ruptura entre Ninón Mondéjar y Enrique Jorrín: La guerra del chachachá.

Ricardo Oropesa en este libro realiza una valoración integral del surgimiento y desarrollo del chachachá a partir de conformar la historia de la Orquesta América reseñada con testimonios de músicos, notas de prensa, registros de canciones, datos documentos y fotografías inéditas del archivo personal de Ninón.

El cometido de esta investigación —por más de veinte años—, no pretende ser una biografía de la Orquesta América ni de su líder, sino un intento por explorar la trayectoria de esta agrupación desde su fundación en 1942 hasta 1974 en que Mondéjar se retira de la vida artística. No se puede hablar del chachachá sin hablar del creador del género: Ninón Mondéjar.

El lector tiene por primera vez un sin números de argumentos para llegar a una conclusión de esa vieja polémica: ¿Quién fue el creador del chachachá?

### Ricardo R. Oropesa

## YO SOY EL CHACHACHÁ ORQUESTA AMÉRICA DE NINÓN MONDÉJAR

---

El autor nos entrega una semblanza biográfica de este singular hombre en un libro donde podremos hallar esencialmente, en cuerpo y espíritu, los derroteros de un músico popular excepcional.

Faustino Oramas, El Guayabero, suma la picardía al decir de la trova. Picardía que no es sinónimo de bajeza o fraudulencia sino audacia e inteligencia para sacar el mejor provecho de situaciones adversas. Hay que decir que pocos autores de la música popular han tenido, como Faustino Oramas, la facilidad de recursos, la gracia y la imaginación para el manejo de situaciones peliagudas con lenguaje simple pero debidamente escogido de modo que provoque la chispa de humor sin grosería.

«Casi nadie lo conoce por su verdadero nombre. Sin embargo, cuando se habla de El Guayabero viene a la mente de todos los cubanos su peculiar estampa y el criollísimo humor de sus canciones.

Faustino Oramas es por ello, tal vez, el último representante de aquella generación de soneros que vivieron de la música y para la música, y supieron transmitir a su obra la idiosincrasia del cubano, que siempre se reconoce en las canciones de este juglar oriental».

Leonardo Padura

«El Guayabero es un genio popular cuyas características, muy especiales dentro de la música popular cubana, no pueden clasificarse en una tendencia determinada. Creo que, desgraciadamente, no habrá otro como él».

Pablo Milanés

«Él es un tresero popular de tumbas, que utiliza un diseño melódico rítmico muy reiterado, en cuya célula más elemental radica el sabor cubano».

Pancho Amat

### Zenovio Hernández Pavón

## FAUSTINO ORAMAS

# EL GUAYABERO

### REY DEL DOBLE SENTIDO

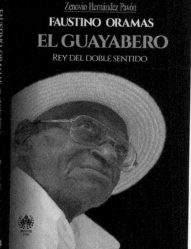

UNOS&OTROS
EDICIONES

ROSA MARQUETTI TORRES

# CHANO POZO
## LA VIDA (1915 - 1948)

CHANO POZO. LA VIDA

ROSA MARQUETTI TORRES

Dulce Sotolongo Carrington

# MÍSTER BABALÚ

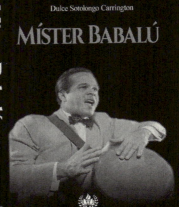

Míster Babalú

Dulce Sotolongo Carrington

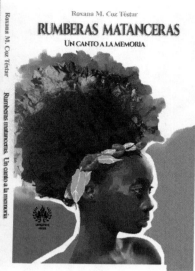

Roxana M. Coz Téstar

# RUMBERAS MATANCERAS
## UN CANTO A LA MEMORIA

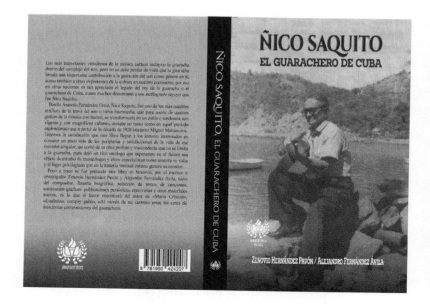

# ÑICO SAQUITO
## EL GUARACHERO DE CUBA

Zenovio Hernández Pavón / Alejandro Fernández Ávila

María Matienzo Puerto

# ORQUESTA
# Hermanos Castro

## LA ESCUELITA

Orquesta Hermanos Castro · María Matienzo Puerto

# Kabiosiles
## Los músicos de Cuba

KABIOSILES · Los músicos de cuba · Ramón Fernández-Larrea

## KABIOSILES
## LOS MÚSICOS
## DE CUBA

Ramón Fernández-Larrea

www.unosotrosediciones.com

infoeditorialunosotros@gmail.com

## UnosOtrosEdiciones

Siguenos en Facebook, Twitter e Instagram:

## www.unosotrosediciones.com

Made in the USA
Middletown, DE
25 February 2024

49880449R00135